C'EST ARRIVÉ SUR L'AUTOROUTE

Conception graphique et couverture :
Agnès Boulmer

Illustrations :
Guy Forgeois

4 impasse de Conti
75006 Paris
www.editionstextuel.com
ISBN : 978-2-84597-433-3
Dépôt légal : septembre 2011

C'EST ARRIVÉ SUR L'AUTOROUTE

textuel

UN BEAU ROMAN
(UNE BELLE HISTOIRE)

C'est un beau roman, c'est une belle histoire,
C'est une romance d'aujourd'hui.

Il rentrait chez lui, là-haut vers le brouillard.
Elle descendait dans le Midi, le Midi.
Ils se sont trouvés au bord du chemin,
Sur l'autoroute des vacances,
C'était sans doute un jour de chance.
Ils avaient le ciel à portée de main,
Un cadeau de la providence,
Alors pourquoi penser au lendemain ?
Ils se sont cachés dans un grand champ de blé,
Se laissant porter par les courants,
Se sont raconté leurs vies qui commençaient.
Ils n'étaient encore que des enfants, des enfants
Qui s'étaient trouvés au bord du chemin,
Sur l'autoroute des vacances,
C'était sans doute un jour de chance,
Qui cueillirent le ciel au creux de leurs mains
Comme on cueille la providence,
Refusant de penser au lendemain.

C'est un beau roman, c'est une belle histoire,
C'est une romance d'aujourd'hui.

Il rentrait chez lui, là-haut vers le brouillard.
Elle descendait dans le Midi, le Midi.
Ils se sont quittés au bord du matin,
Sur l'autoroute des vacances,
C'était fini le jour de chance.
Ils reprirent alors chacun leur chemin,
Saluèrent la providence en se faisant un signe de la main.
Il rentra chez lui, là-haut vers le brouillard.
Elle est descendue là-bas dans le Midi.

C'est un beau roman, c'est une belle histoire,
C'est une romance d'aujourd'hui.

« Une belle histoire »
Paroles : Pierre Delanoë. Musique : Michel Fugain

SOMMAIRE

PRÉFACE

POUR DEVENIR UN COUP DE VENT

L'autoroute ! Quand j'étais enfant, juste une petite portion mythique de plaques grises juxtaposées, l'autoroute, de quoi nourrir quelques fantasmes de vitesse où l'inconscient mêlait curieusement des éléments complètement étrangers à la route elle-même : un accident de Françoise Sagan, des essais de Michel Vaillant, l'anneau de vitesse de Montlhéry. Et puis j'ai grandi, j'ai vieilli au fur et à mesure que l'autoroute prenait corps, irriguait les provinces, devenait paradoxalement un lieu avec ses rites et l'effacement surnaturel de tous les lieux par le mystère d'une traversée planante : une autre façon de voir la France, de la posséder en la frôlant d'un coup d'aile, au ras du sol. Une manière différente de découvrir l'ampleur des paysages, les collines de Bourgogne révélées par leur structure moutonnant à l'infini, échappant à la succession de rangées d'arbres, aux contours des villages, au pointillisme des sensations.

On ne pénètre pas sur l'autoroute, mais dans une autoroute : le péage est un passage initiatique. Les lettres blanches sur fond bleu ont un pouvoir presque onirique. Vous quittez à peine Paris, et Lyon se propose, moins comme un but lointain que comme une évidence, dont la proximité mentale tient du tour de passe-passe. De fait, tout est conçu ici pour abolir, pour donner corps en effaçant. Les repères en prennent une saveur particulière. La nuit, c'est magique : la fatigue exaspère le désir d'approcher une aire où l'on pourra trouver de l'essence et du café. Cette barre de lumière horizontale qui s'allonge à votre approche, c'est l'exacte impression éprouvée à bord d'un bateau, quand le port semble moins venir vers soi que s'étaler dans le bleu profond du ciel nocturne. Le café que l'on prendra là – expresso, supplément sucre – aura le goût d'une nuit presque abstraite : on n'est plus soi-même qu'une fraction de voyage, une étape intérieure aux deux tiers, aux trois quarts d'un désir.

Oui, c'est cela l'autoroute. Un désir en mouvement, de nature bien différente en apparence suivant qu'on parte en vacances, à un rendez-vous de travail, à l'enterrement d'un ami. En apparence. Quels que soient la joie, l'ennui, la tristesse du terme, le trajet prend le pas sur l'affect pour dessiner une même bulle – protectrice. On vivra entre parenthèses, allant de soi à soi sans le savoir.

À deux dans l'habitacle, l'autoroute favorise les confidences, les analyses inattendues, les vérités suspendues qui se cristallisent.

On écoute un disque, on demande un bonbon, puis on se tait longtemps. Et quand de vraies paroles viennent enfin, c'est tout à fait sérieux, dans une lévitation douce, canalisée par la longueur de la distance, l'enfermement dans un espace clos et vaste où l'on n'a plus envie de se cacher. On dépasse les poids lourds, on frôle la vie de ces aventuriers de la routine autoroutière. Ils ont les clés d'un monde un peu violent, patient et lancinant, une assez bonne métaphore de la vie. Et puis il y a ces aires sans essence et sans café, ces coins à pique-nique où l'on s'étonne de pouvoir bâtir des habitudes, au recoin d'une haie, les champs à l'horizon. Mais on n'est pas vraiment dans la campagne : on appartient à la modernité.

On peut vivre bien sûr au cœur de l'autoroute, y connaître des sentiments naissants, des drames ou des situations cocasses. Mais quand un coup de frein laisse une raie de gomme noire, c'est le signe d'un accident : pour être dans le code, on ne doit pas laisser de traces. C'est si léger, de glisser anonyme et pourtant plein de soi... Un monde rassurant, qui semble imposer tout mais laisse tant de liberté – et l'on devient un coup de vent.

Philippe Delerm

1961
1971
1981
1991
2001
2011
FORGEOIS 2011

AVANT-PROPOS

Les histoires que vous allez découvrir sont vraies. Elles ont été recueillies grâce à un appel lancé en janvier 2011 sur les ondes radio d'Autoroute Info et par Internet, encourageant les automobilistes à raconter les histoires, anecdotes, aventures qui leur étaient arrivées sur l'autoroute.

Les récits ont abondé, divers, inattendus, émouvants, percutants… L'autoroute y apparaît dans sa réalité plurielle, dans sa richesse d'expériences. Ces témoignages disent mieux que quiconque la place symbolique ou réelle que l'autoroute occupe aujourd'hui dans nos vies. Des lieux de passage, de rencontres aussi, de découvertes, d'évasion et parfois de franche drôlerie.

Vous en jugerez, en parcourant ces témoignages à lire comme autant de petites nouvelles, comme autant de « chroniques de l'asphalte ».

DICTÉE

Dans un mois en r de l'année 2011 de notre ère, un pauvre hère erre sur une aire d'autoroute. Le fond de l'air est frais. Il observe à l'orée du bois toute proche l'aire d'un oiseau de proie et surtout un hère magnifique qui a déjà un grand air et qui broute des ers.

Bernard Pivot
Les Mots de ma vie, Albin Michel-Plon, 2011.

CAFÉ, ROMANCE ET AUTOROUTE

Je la connaissais pourtant, et je venais de passer dix jours avec elle. Mais il aura fallu cet arrêt de nuit sur une aire près de Beaune pour que je réalise qu'elle était vraiment la femme de ma vie. C'était en 1984. J'étais parti avec un groupe d'amis à la montagne, près de La Plagne. Le moins que l'on puisse dire, c'est que nous ne nous sommes pas ennuyés. Ski, batailles de boules de neige, parties de foot en après-skis, tout était prétexte à s'amuser, à faire les fous et à rire. Même les tâches ménagères tournaient à la blague. Vraiment, nous nous sommes bien amusés. Mais toutes les bonnes choses ont une fin et nous avons fini par nous entasser tous les dix dans deux voitures pour rentrer en région parisienne.
Sans que je le devine, les choses sérieuses n'allaient pas tarder à commencer. À la moitié du trajet, vers 4 heures du matin, nous nous sommes arrêtés à une station-service pour faire le plein et une petite pause-café. L'esprit un peu embrumé, je me suis donc dirigé vers la première machine à café visible pour me servir. Faisant preuve d'une habileté redoutable, j'ai réussi à renverser ma tasse de café sur mes après-skis. Et ce, deux fois de suite. Embrumé, je vous dis... C'est alors que j'ai entendu son éclat de rire et le déclic s'est enfin produit. Elle était là. Elle était bien sûr avec nous depuis le début, mais je la voyais enfin. Évidemment, nous sommes remontés dans la

même voiture, avons parlé et échangé tout le reste du voyage, puis nous nous sommes promis de nous revoir le lendemain, avec tous les autres, au parc de Sceaux. Là, entre foot et chahut, je l'assomme avec le zoom de mon appareil photo puis la ranime... en l'embrassant !
Un mariage en 1985, vingt-sept ans de bonheur et quatre enfants plus tard, je l'aime un peu plus chaque jour et ne regrette rien mais... c'est elle qui fait le café tous les midis et tous les soirs.

STÉPHANE CHANFREAU

ADIEU VEAUX, BÂCHES, COCHONS...

Il est cinq heures du matin et, de mon poste du péage de Viriat, sur le district de Bourg-en-Bresse, j'entends la gendarmerie dépêcher un patrouilleur afin d'évacuer de l'autoroute une vache étourdie. Quoique étonné, ce dernier se met en route pour en avoir le cœur net.

Quelques instants plus tard, un routier au volant d'un gros semi-remorque immatriculé en Espagne s'arrête devant ma cabine de péage et me confirme, dans le vacarme de son diesel, qu'effectivement il vient de croiser une vache et que, pour tout dire, il lui a même bel et bien roulé dessus.

Je suis stupéfaite de la nouvelle. Il me répond, placide, que ce n'est pas bien grave, ce qui a le chic de me laisser encore plus perplexe. « Tout de même, rouler sur une vache », lui dis-je avant qu'il ne reparte, me dévisageant bizarrement.

Aussitôt, je contacte le patrouilleur pour lui dire qu'une vache est bien sur le réseau, sûrement en deux dimensions depuis qu'un camion lui a roulé dessus. Mais c'est la gendarmerie qui mettra fin à cet épisode burlesque en m'apprenant qu'en fait de vache, c'était plutôt d'une bâche qu'il s'agissait.

Depuis lors, je suis régulièrement « bâchée » par des collègues vachards.

ANNIE TARARE

CIRQUE
CIRQUE

BIZUTAGE DES BLEUS

« Un cirque convoyant des girafes est signalé à proximité d'Avallon. Assurez-vous que la hauteur des ponts enjambant les voies de circulation est adaptée au passage des longs cous… »

Telle fut (en substance) la consigne donnée au jeune appelé tout fraîchement affecté au peloton autoroutier de gendarmerie d'Avallon. Appliqué et diligent, ce dernier s'enquit auprès de mes services du matériel adéquat pour effectuer les mesures, sans avoir omis de se renseigner préalablement sur la taille moyenne des bestioles en question.

Bien sûr, j'étais de mèche avec la gendarmerie et tout ceci n'était qu'un aimable bizutage. Nous laissions mariner gentiment la bleusaille avant de lui découvrir le pot aux roses.

Dans les années 1980, il existait encore des pelotons de gendarmerie spécifiquement autoroutiers, ce qui n'est plus le cas aujourd'hui, les gendarmes étant désormais organisés en brigades territoriales devant assumer toutes les missions, parmi lesquelles les patrouilles autoroutières. Les liens entre la Société des autoroutes et les brigades étaient très étroits, l'univers anxiogène de l'autoroute réclamant beaucoup de solidarité, mais aussi des moments de camaraderie et de relâchement. C'est pourquoi le bizutage des jeunes recrues était toujours un plaisir.

Je me souviens également d'un appelé à qui il avait été demandé de se procurer un mètre de « basculement de circulation ». Il s'agit de ces plots rayés orange et blanc, qui permettent de faire passer un flux de circulation sur la voie opposée pour laisser la place à un chantier en cours. L'appelé se mit en quête de notre magasin, qui ne manqua pas de lui réclamer sans appel son « bon de commande ». Lorsque l'appelé revint bredouille pour se procurer le document auprès de son commandement, il se vit répondre que, pour ce faire, le magasin devait lui délivrer au préalable une spécification technique. Et ainsi de suite… !
Rien de bien méchant, mais une magnifique occasion de rire et d'intégrer à ce monde si particulier des jeunes gens qui n'y connaissaient encore rien.

BERNARD AVERSENQ

SUIVEZ LES FLÈCHES

Sur un long trajet, l'aire de repos est une pause bienvenue, mais peut aussi être l'occasion de découvertes étonnantes. Ainsi, en 2008, lors du départ pour les vacances du mois d'août, nous nous sommes arrêtés sur une aire que nous avions choisie pour les activités de détente qu'elle proposait aux enfants. Escalade, lutte, tir à l'arc, mes filles se sont bien amusées et ont même insisté pour que je teste le tir à l'arc. Moi ! Qu'à cela ne tienne, je m'avance, et, stupeur, je place trois flèches dans le mille ! La chance du débutant, sans doute.

Une semaine plus tard, sur le chemin du retour, nous choisissons la même aire pour profiter d'une ambiance agréable. La surprise, c'est que l'animateur du stand de tir me reconnaît et m'invite à renouveler mon « exploit ». Pas de problème, je me concentre et… trois flèches dans le mille ! Le message était clair : à la rentrée de septembre, j'ai intégré, pour mon plus grand plaisir, le club de tir à l'arc de Quimper. Merci l'autoroute !

ROZENN LE SAUX

AC/DC
APRR
AC

HIGHWAY TO HELL

Même les poids lourds du rock circulent sur l'autoroute. Seulement, il est rare de pouvoir dialoguer avec eux. Dans les années 1970, alors que je terminais une intervention sur une zone de travaux qui réduisait la circulation à une seule voie, une grosse berline immatriculée en Grande-Bretagne vint s'arrêter sur un refuge à quelques mètres. Les trois occupants, deux grands chevelus et une jolie blonde, m'expliquèrent qu'un voyant d'alerte s'était allumé, indiquant sans doute un problème de refroidissement. Je les invitais donc à me suivre vers la station-service la plus proche pour vérifier tout cela. Une fois sur place, tandis qu'un des deux garçons s'occupait de la voiture, j'engageai une longue conversation avec le second, qui avait remarqué sur mon tee-shirt l'inscription des lettres « AC ». Ma mère, fière de sa nouvelle Singer, y avait en effet brodé mes initiales pour inaugurer la machine ! « Moi aussi, AC », me dit-il, et il poursuivit en me racontant qu'il était australien, d'origine écossaise, et musicien. À mesure que mon interlocuteur se confiait, ma conviction se renforçait qu'il s'agissait bien de Bon Scott, le chanteur d'AC/DC ! Sur mon autoroute ! Nous avons bavardé, discuté de choses et d'autres, notamment de la rapidité et de la densité du trafic qui semblaient le mettre mal à l'aise. Rêve et réalité mêlés, j'ai encore l'impression d'avoir passé ces instants sur une aire de repos de la *Highway to Hell*... Était-ce bien lui ? Ce « souvenir » me plaît beaucoup, alors... j'y crois.

Clem

DÉNEIGER LE DÉSERT

Le Sénégal tel que vous ne l'avez jamais vu ! Courant 2013, la première autoroute à péage d'Afrique sub-saharienne verra le jour au Sénégal. Elle reliera le cœur de la capitale, Dakar, au tout nouvel aéroport international situé à 25 kilomètres de distance, puis, dans un second temps, se prolongera jusqu'à Thiès, l'un des poumons économiques et touristiques du pays.

Pour ce faire, Senac, une filiale d'Eiffage, a été retenue pour les travaux d'infrastructures, tandis qu'APRR s'est vue confier une mission de conseil et d'expertise. Or, quoique la liaison Dakar-Thiès ne soit pas une zone de désert, elle bénéficie d'un climat sahélo-soudanien et d'une proximité avec des ensembles désertiques l'exposant à de régulières tempêtes de sable. Cela pose à l'infrastructure autoroutière des problèmes d'envergure. En effet, lors d'une tempête de sable, la visibilité peut devenir nulle, voilant totalement la luminosité du soleil. En outre, les tonnes de sable qui peuvent s'abattre extrêmement vite sur l'autoroute la transforment en une véritable patinoire où il devient quasiment impossible de freiner. D'où la nécessité de parer à ces aléas climatiques, comme nous avons coutume de le faire, chez nous, en cas d'abondantes chutes de neige.

La comparaison n'est pas fortuite : après avoir testé le système, nous nous sommes aperçus que le plus efficace pour désensabler

l'autoroute était d'y faire passer nos chasse-neige nationaux, munis d'une lame de déneigement ! Ils se sont avérés extrêmement efficaces pour déblayer en un temps record 90 % de la couche de sable recouvrant l'autoroute. Charge aux aspiratrices de récupérer dans les conduites d'assainissement et les accotements de l'autoroute tout le sable qui s'y sera accumulé. Comme nous l'a poétiquement suggéré l'un de nos correspondants sénégalais, nous allons ni plus ni moins « déneiger le soleil ».
Ajoutons que de nombreux camions aux chargements volumineux sillonnent le Sénégal : en cas d'accident, il faut pouvoir libérer très vite la voie de circulation afin d'éviter accidents collatéraux et embouteillages monstres. Là encore, notre lame de déneigement trouvera une utilité parfaite ! Après tout, neige et sable sont bien l'un comme l'autre constitués de milliards de cristaux accumulés...

BERNARD AVERSENQ

EN MAI, FAIS CE QU'IL TE PLAÎT

À pied, en pleine nuit, nous avons déferlé sur l'autoroute, forçant les automobilistes à s'arrêter. C'était en Mai 68 et j'avais pris le train pour revenir d'un stage au nord de Paris. Le train s'immobilise bientôt et nous voilà stoppés dans l'Yonne, au milieu de nulle part… à quelques centaines de mètres de l'autoroute. Esprit de Mai, des centaines de voyageurs débarquent sur l'autoroute et prennent pacifiquement les voitures à l'abordage. Les automobilistes, nos nouveaux amis, nous ont recueillis. L'autoroute a vraiment servi de trait d'union. La révolution attendra !!!

ALAIN ISNARD

ÉTRANGE BALLET

Parfois, la nature s'invite sur l'autoroute, donnant lieu à de curieux face-à-face. À Genay, l'A46 enjambe la Saône et, qui dit cours d'eau, dit oiseaux aquatiques. En l'occurrence, deux cygnes avaient décidé de rendre une petite visite à l'autoroute en surplomb. Impossible de laisser les volatiles importuns vagabonder sur la chaussée, au risque de provoquer un accident. La décision est prise de neutraliser le trafic et d'envoyer une équipe évacuer les squatteurs. N'écoutant que leur courage, les agents s'avancent vers nos deux intrus. Mais si les cygnes sont toute grâce et beauté sur leur plan d'eau, de plus près, ils sont beaucoup moins accommodants et, surtout, beaucoup plus impressionnants. S'ensuit donc une curieuse chorégraphie faite de multiples tentatives, de valses-hésitations, de contrepieds et de courses échevelées en tous sens, avant que les agents ne triomphent enfin de la mauvaise volonté de ces cygnes vagabonds et ne les rendent à leur milieu naturel, la rivière. Comment dire après cela que les autoroutiers ne sont pas proches de la nature !

JEAN-JACQUES NICOUD

LE BURIN ET LA MEULEUSE

C'est un banal coup de fil qui m'a prévenu. Salvatore Gallo, un artiste italo-argentin renommé, avait jeté son dévolu sur un gigantesque caillou extrait d'un chantier de l'autoroute A5 pour en faire une sculpture.

Nous sommes au mitan des années 1990 et je m'occupe alors, entre autres choses, de la politique d'achat d'œuvres d'art pour APRR. Je prends aussitôt rendez-vous avec Salvatore. Le sculpteur habite du côté de Sens, dans l'Yonne. Il m'y reçoit en présence de sa femme, et je suis d'abord frappé par sa stature, un véritable colosse, et par son énergie débordante, excessive, entièrement dévolue à son art. Image d'Épinal de la puissance créatrice ? Je ne sais, mais un profil de créateur à la César ou à la Picasso, une force brute de muscles et de volonté.

Habitué à se promener le long de la nationale qui longe le chantier autoroutier, il avait repéré un bloc de pierre de forme oblongue, d'environ 3 mètres de hauteur, qui l'avait aussitôt intéressé. Il avait obtenu du contremaître, ravi de s'en débarrasser, qu'un engin de chantier transportât cette pierre jusque chez lui. Là, maniant le burin et la meuleuse, il sculptait avec une incroyable violence une allégorie figurant la « Création » : des femmes, accroupies ou étirées, s'y donnent la main et forment une ronde, sortes de

« danseuses » de Matisse empierrées, autour d'un œuf gigantesque, monde ou monstre en devenir.
Alors que je lui demandais ce qu'il comptait faire de sa sculpture, nous nous mîmes à discuter. Puis à nous revoir, seuls ou en présence de nos épouses. Finalement, je lui fis la proposition d'acheter son œuvre et de l'exposer sur l'aire de Villeneuve-l'Archevêque, non loin de son lieu d'extraction. Mais il n'assista pas à l'inauguration : la maladie venait de l'emporter rapidement. *La Création* fut son ultime sculpture.

CH.D.

LA PARTIE VISIBLE DE L'ICEBERG...

La patience n'est pas la vertu la mieux partagée et cette difficulté à attendre plonge parfois les gens, c'est le cas de le dire, dans des situations délicates. Un jour, un automobiliste appelle les services de l'autoroute depuis une aire de repos pour signaler qu'il a fait tomber son téléphone portable dans une poubelle, un container de 2 mètres de diamètre et 1 mètre de haut placé sur le parking. Les agents confirment leur venue et se rendent sur place. À leur arrivée, un gros quart d'heure plus tard, surprise, le problème a changé de nature. Le conducteur, sans doute pressé, a pris l'initiative d'envoyer son fils dans la poubelle pour chercher le précieux téléphone. Ce qu'il n'imaginait pas, c'est que ce container – qui ne paraissait avoir qu'un mètre de hauteur – était en réalité partiellement enfoui et descendait encore d'un mètre cinquante sous la surface du sol ! Sous le poids de l'enfant, les ordures s'étaient tassées et le père impatient avait vu son rejeton descendre rapidement jusqu'à être hors d'atteinte ! Finalement, les agents, armés d'une échelle, sont parvenus sans grande difficulté jusqu'au petit, qu'ils ont découvert enlisé dans les ordures jusqu'aux épaules. À leur côté, le père était blême, se confondant en mots rassurants et en excuses auprès de son fils. Le petit, heureusement, a su garder un calme impressionnant. Comme quoi la sécurité et le secours sont des métiers qui ne s'improvisent pas, et il vaut toujours mieux faire confiance aux professionnels plutôt que de se lancer dans des initiatives hasardeuses…

RONALD MAUGRAS

UN PETIT COUP DE MAIN DE LA PROVIDENCE

Les yeux rivés sur mon écran de contrôle, j'ai assisté à une scène digne d'un film d'action hollywoodien. Le 28 juin 2002, sur l'A46, un conducteur est en panne en haut de la descente de Sermenaz, près de Rillieux. Respectueux des consignes de sécurité, il stationne son véhicule et se dirige vers la borne d'appel d'urgence pour demander une assistance. C'est alors que la fatalité décide de pimenter la situation. Brusquement, le véhicule s'embrase, les freins lâchent et c'est rapidement une vraie boule de feu qui entame à vive allure une descente infernale. En bas, la circulation est dense, et la catastrophe s'approche à grands pas. Contre toute attente, la voiture folle se glisse dans le trafic. Mes collègues et moi suivons en direct un ballet automobile invraisemblable ! Les conducteurs parviennent tant bien que mal à éviter le véhicule, qui progresse bientôt au milieu de la chaussée, derrière un break tractant une remorque vide. Un miracle n'arrivant jamais seul, la voiture grimpe sur cette remorque providentielle, sans causer le moindre dégât, et finit tranquillement sa combustion sur la bande d'arrêt d'urgence, où le conducteur du break s'est réfugié ! Nous n'en revenons pas. Heureusement que les caméras ont tout enregistré, sinon, qui nous aurait crus ?

JEAN-JACQUES NICOUD

DE L'ARGENT, QUEL ARGENT ?

Un jour, alors que le trafic était fluide et qu'il n'y avait aucun accident, toutes les voitures qui circulaient sur l'autoroute se sont mystérieusement arrêtées. Depuis le poste de contrôle, puis sur place, nous pouvions observer conducteurs et passagers qui sortaient précipitamment des véhicules, en proie à une frénésie inexplicable. Pour quel motif ont-ils eu ce comportement pour le moins inhabituel ? C'est très simple et malheureusement très humain : une voiture dont le coffre était mal fermé s'était mise à répandre un nuage de billets de banque sur la chaussée ! La pagaille occasionnée a été indescriptible. Les occupants de la voiture au coffre ouvert, les automobilistes voisins, les gendarmes... tout le monde courait après les grosses coupures. Une fois l'émotion dissipée et le butin rassemblé, il a été impossible de savoir si la somme totale avait été récupérée ; la dame à qui appartenait le magot était en effet incapable de préciser le montant exact de tout cet argent liquide...
Elle était en route pour la Suisse. Un hasard ?

RONALD MAUGRAS

EURO
50
50
50

GENEVE
50

À LA FORCE DES MOLLETS

On croise parfois de drôles de numéros sur l'autoroute, mais certains poussent le bouchon un peu loin ! C'est exactement ce que je me suis dit quand, un matin, juste avant d'entrer dans le tunnel de Chamoise, sur l'A40, j'ai dépassé… un cycliste ! À peine remis de ma stupéfaction, j'accélère pour atteindre une borne d'appel d'urgence et signaler aux services autoroutiers la présence de ce curieux usager. Peu après, je distingue le cycliste, équipé d'un casque et d'un petit sac à dos, pédalant tranquillement sur la bande d'arrêt d'urgence pour me rejoindre. Je constate alors avec un étonnement plus grand encore que l'homme est septuagénaire. Lorsque je m'enquiers des raisons de sa présence sur l'autoroute, je m'aperçois qu'il ne parle pas français. Il me présente alors avec bonhomie une carte d'Europe sur laquelle est surligné son trajet… des pays de l'Est jusqu'à Lyon ! Sur ces entrefaites, les patrouilleurs de l'autoroute arrivent et m'annoncent qu'ils ont appelé la gendarmerie. Je repars en me sentant coupable : quels ennuis ai-je donc attirés sur la tête de l'étrange touriste ? Quelques minutes plus tard, en émergeant du tunnel de 3 kilomètres, ma conscience est apaisée : en lui évitant le tunnel, je lui ai peut-être bien sauvé la vie.

LAURENT ARAGONES

À LA RECHERCHE DU MOINE COUCOU

Quand je l'ai aperçu, balançant sa colombe en bois au-dessus de l'autoroute A6, je n'ai pas résisté : j'ai pris la première sortie et je me suis arrêtée dans le village proche pour demander quel était le chemin pour trouver le « moine coucou ». On m'a sans doute prise pour une cinglée. Je suis enfin arrivée sur le pont de Charnay-lès-Mâcon où je suis restée un long moment à parler avec cet étrange personnage, à essayer de comprendre pourquoi il restait des heures, penché au-dessus de l'autoroute, à saluer les conducteurs avec son oiseau. Il se tenait toujours exactement à la même place, au milieu du pont dans la direction de Lyon, qu'il vente, qu'il gèle, qu'il brûle. Certains ont même baptisé cet endroit le « pont du Moine ».

Je le voyais chaque dimanche après-midi en rentrant de chez ma famille qui habite près de Pouilly-en-Auxois. Je travaillais déjà pour le service de communication des autoroutes et, dans la région de Mâcon, tout le monde m'avait parlé du « moine coucou ». On l'appelle ainsi car c'est un ancien moine de l'abbaye de Cîteaux. Coucou, c'est parce qu'il agite sa colombe, comme s'il faisait coucou. De loin, en passant sous le pont, on ne voit pas qu'il tient un oiseau. Il semble faire signe, toujours de la même manière, toujours dans le même sens. En fait, il adresse un salut de paix aux automobilistes, c'est ce qu'il m'a expliqué quand je suis allée à sa rencontre. J'étais

vraiment intriguée par ce personnage et tenaillée par l'envie de percer son mystère. Je ne suis pas sûre d'y avoir réussi mais ce moment m'a marquée. J'ai fait la connaissance d'un petit homme d'environ 70 ans, tassé, aux yeux tombants, vêtu d'une espèce de bleu, cousu main, surmonté d'un capuchon à bout pointu et chaussé de galoches de chantier. Il avait l'air de porter toute la misère du monde sur son dos voûté et s'exprimait d'une voix lente et monotone. Je crois qu'il était heureux de parler ; il m'a confié qu'il bénissait les automobilistes afin qu'ils soient saufs, qu'il les protégeait et leur apportait un instant de bonheur. Il agissait ainsi depuis une quinzaine d'années et se postait auparavant dans les environs de Cîteaux. Il m'a posé aussi de nombreuses questions sur ma vie, ma foi. C'était bizarre mais émouvant car il paraissait tellement seul. Je ne pense pas qu'il avait souvent l'occasion de dialoguer. Tout le monde en parle mais personne ne vient jamais le voir, il fait seulement partie du paysage. Certains automobilistes le saluent en klaxonnant ou par des appels de phare. Quand je suis partie, il m'a serrée dans ses bras et souhaité plein de bonnes choses.
On raconte que lorsqu'il était à Cîteaux, il s'était caché dans la forêt et y était resté des jours durant sans manger. On dit aussi qu'il avait été soigné ensuite et avait dû quitter l'abbaye. Quand je l'ai vu, il proférait des paroles sensées ; mais il faut reconnaître qu'il avait un

air bizarre, mi-fou, mi-sage. On entend aussi dire que les gendarmes lui auraient demandé de ne pas venir tous les jours mais lui auraient concédé quelques après-midi pour « bénir » à sa façon les automobilistes. J'avais noté son adresse à Charnay, où il habite dans un petit studio, et lui ai envoyé des photos de lui que j'avais prises. Il m'a répondu en m'adressant une carte postale représentant un phoque, comme le faisait ma grand-mère quand j'avais 5 ans. L'enveloppe, comme la carte, était de récupération : il avait collé du papier blanc pour noter mon adresse et m'écrire un petit mot. Il avait joint une demi-douzaine de minicroix en bois vernies qu'il avait confectionnées avec de la cire et de la ficelle de cuisine pour que je les offre à mes proches. J'ai été contente de lui avoir parlé mais j'en ai gardé un sentiment de tristesse. Chaque fois que je l'apercevais, j'en avais un pincement au cœur. C'était en 2007 et, depuis, je ne passe plus par là. Ma vie a changé, je suis désormais maman de deux enfants et je ne vais plus aussi souvent voir ma famille.

Je me suis aperçue qu'un groupe Facebook, appelé « Tous ceux qui ont croisé une fois dans leur vie le moine coucou », s'était constitué autour de lui et qu'il avait été le héros d'un documentaire. Pour ma part, j'ai pris des photos du moine coucou mais je n'ai montré bien souvent que celles où il est de dos afin de préserver son mystère.

MARION CONTASSOT

HEUREUX LES INNOCENTS

Lorsqu'elle traverse la plaine de la Saône, l'autoroute A36 est placée sur un remblai qui la protège des inondations. C'est là qu'un jour d'hiver, notre brigade de gendarmes a été confrontée à un camion « tombé » de l'autoroute. Le chauffeur, pour une raison ou pour une autre, avait dérapé sur la bande d'arrêt d'urgence et avait fini par sortir partiellement de la route, malgré la largeur du tracé. Comme la chaussée est surélevée, le camion avait commencé à basculer vers le champ en contrebas. En d'autres termes, la cabine du semi-remorque était sur la pente du remblai, retenue dans sa chute par la remorque et l'essieu arrière. Lorsque nous arrivons sur place, nous réalisons que le chauffeur n'est pas près de son camion en perdition. Où a-t-il bien pu aller se réfugier ? Nous avons eu la stupéfaction de le découvrir dans sa cabine, tranquillement endormi, comme si le risque de décrochement et de chute le long du talus ne l'avait pas concerné !

RONALD MAUGRAS

ARRÊTEZ LA MUSIQUE

« Arrêtez de passer des chansons qui parlent de moi, je refuse que vous évoquiez ma vie à la radio ! » J'ai reçu cet appel étrange en plein milieu de la nuit, alors que j'étais à l'antenne d'Autoroute Info. Mon interlocuteur se présente comme un routier, me dit qu'il appelle de son camion. Et tout à trac, il me reproche de diffuser des chansons qui le concernent, qui évoquent des moments de sa vie. Il se fait agressif, exigeant de savoir pourquoi la radio s'en prenait ainsi à lui. Je suis resté sidéré mais je me suis repris et j'ai essayé de nouer un dialogue. Heureusement, j'avais un peu de temps à lui consacrer. Au milieu de la nuit, après le point trafic, le programme se déroule durant une plage d'une demi-heure sans intervention du journaliste, sauf urgence évidemment. Du coup, j'ai pu laisser s'exprimer mon interlocuteur et je crois avoir réussi à le rassurer. Je lui ai évidemment répété que notre choix de musique n'était en rien lié à sa vie même s'il pouvait s'y reconnaître. Je suis resté longtemps au téléphone car j'ai bien senti sa détresse, son appel n'était en rien une blague, plutôt un appel au secours. Lorsqu'il a raccroché, il semblait tranquillisé.

STÉPHANE CHABRIER

UN ALLEMAND DANS LA BAIGNOIRE

À cause des nécessités de service, les agents d'APRR ont la possibilité de loger dans des lotissements spécifiques, à proximité des entrées de l'autoroute. Soumis à des astreintes et susceptibles d'être mobilisés à tout instant en cas d'urgence, ils sont ainsi à pied-d'œuvre en un temps minimal. Un jour, l'un de ces agents a eu une visite inopinée. Un touriste allemand qui passait en car dans la région avait un peu abusé des spécialités régionales lors des descentes de cave organisées pour l'occasion. Un tantinet désorienté par l'absorption des produits du vignoble, il avait perdu son groupe, son car et son chemin. S'étant présenté à l'entrée du lotissement en question, à la hauteur du péage de Beaune, il se fait éconduire par l'occupant de la première maison à la porte de laquelle il avait frappé. Mais il en faut plus pour décourager le voyageur égaré qui tente sa chance à la maison suivante, dont la porte était ouverte. Pas le moins du monde intimidé, notre inconnu pénètre dans le logis vide et s'installe pour casser une petite croûte en se servant dans le frigo. Une fois rassasié, il se dit qu'il se rafraîchirait bien un peu et se fait couler un bain !

Entre-temps, l'agent et son épouse logeant dans la maison rentrent chez eux. Apercevant en différents endroits du logis des vêtements éparpillés sur le sol, ils constatent avec frayeur que quelqu'un est passé chez eux. Armés de sang-froid, ils remontent alors pas à pas la piste des indices laissés par l'inconnu. Soudain, entendant des bruits en provenance de la salle de bains, l'épouse prend son courage à deux mains et se dirige anxieusement vers la pièce d'eau. C'est finalement dans la baignoire et dans le plus simple appareil que l'intrus est découvert ! Il eut beau tenter d'expliquer qu'il s'était cru dans un logement mis à disposition des voyageurs égarés, c'est tout nu et entre deux gendarmes qu'il regagna le local du PC autoroutier…

RONALD MAUGRAS

LA VÉRITÉ TOUTE NUE

« Une jeune femme court nue sur l'autoroute, soyez prudents ! » Je n'aurais jamais cru prononcer un jour cette phrase à l'antenne. Il fallait bien prévenir les automobilistes car ils auraient pu avoir un choc et freiner brusquement. Malgré les apparences, il ne s'agissait pas d'un canular mais d'une information vérifiée que venait de me transmettre le PC de circulation. C'était sur l'A36, au cœur de la nuit. Puis, j'ai reçu d'autres indications qui paraissaient encore plus inquiétantes. En effet, la femme, toujours nue, était en train de se battre avec un homme sur la bande d'arrêt d'urgence. Enfin, j'ai appris que le couple avait été maîtrisé par les pompiers et que tout était rentré dans l'ordre, du moins sur l'autoroute. Heureusement, j'ai réussi à connaître le fin mot de l'histoire car toutes les hypothèses étaient envisageables – surtout les pires. J'ignore comment et pourquoi le couple s'est trouvé sur l'autoroute dans cette situation, mais selon les informations que m'a données le PC concerné par cet événement, la femme avait quitté précipitamment l'hôpital où elle venait d'accoucher. Sur le chemin, elle s'était débarrassée de ses vêtements. Son mari a finalement réussi à la rejoindre sur l'autoroute ; n'arrivant pas à la raisonner, les pompiers ont du intervenir. C'était vraiment une nuit étrange.

SERGE NIBBIO

PERSONNEL
EN
FORMATION
APRR

SOURIEZ, VOUS ÊTES... PIÉGÉS

L'autoroute, star de ciné ? De plus en plus. Ces dernières années, l'autoroute est devenue un décor incontournable des séries télé, des courts ou des longs métrages. Le monde autoroutier, après avoir été un peu délaissé, est aujourd'hui prisé pour sa dimension ultra-réaliste ou, tout au contraire, poétique et graphique. Mais je serais incomplet si j'omettais son potentiel comique. En 2007, je reçois un coup de fil de l'attaché de presse de François Damiens, un acteur belge désormais bien connu de ce côté-ci de la frontière, et qu'on a pu voir récemment dans *Dikkenek*, *La Famille Wolberg* ou *L'Arnacœur*, avec Romain Duris.

À l'époque, il est déjà trop connu en Belgique pour continuer à y exercer, avec une drôlerie impossible, ses caméras cachées dans lesquelles il excelle sous le nom enchanteur de « François l'Embrouille ». Il cherche donc un terrain de chasse encore vierge où son visage ne soit pas connu comme le loup blanc. Et puis, il souhaite officier comme péager sur notre réseau, pressentant le potentiel comique de son face-à-face improvisé avec nos clients.

À APRR, on est immédiatement emballés, et la carte blanche que réclame l'acteur n'est pas faite pour nous effaroucher. C'est la gare de péage des Éprunes, sur l'autoroute A5, qui est retenue pour sa belle architecture, son implantation au beau milieu de la campagne seine-et-marnaise, et pour sa proximité avec Paris, ce qui n'est pas un mince détail pour les équipes de tournage.

En mars 2007, donc, François Damiens et son équipe prennent leur quartier en bordure du péage, au sein d'un petit car-régie où seront recueillis les rushs du tournage. De notre côté, nous bardons la cabine de péage de stickers APRR et d'un éloquent panonceau « Personnel en formation », destiné à nous prémunir d'éventuels coups de sang des automobilistes. L'équipe de tournage installe caméras et micros, puis François Damiens investit la cabine, rejoint par une « vraie » péagère qui s'est accroupie discrètement sur le sol pour parer à toute situation d'urgence.

Le spectacle peut commencer : après un tour de chauffe, François prend ses marques et improvise avec talent, faisant tourner en bourrique nos clients, complètement désemparés devant un loufdingue d'une telle portée. Le voilà qui, s'inquiétant d'un cure-dent dans la bouche d'un conducteur, lui fourre le doigt dans la bouche en s'autorisant de la compétence d'un beau-père dentiste ; ou, muni de mitaines cloutées, s'ingénie à braquer un homme en lui réclamant 200 euros en liquide ; ou bien encore, s'avisant de ce que la ceinture de sécurité d'une jeune femme souligne la majesté de sa poitrine, l'entreprend avec une grivoiserie que son accent belge décuple.

Quel fou rire ! Le plus drôle aura été ce face-à-face avec un compatriote belge dont il exigera d'entendre le « bonjour » après l'avoir fait reculer puis couper son moteur une dizaine de fois. Nous avons pu constater l'incroyable gentillesse des automobilistes, mélange de stupéfaction et, parfois, de discrète complicité. Comme dans un jeu. Comme dans une saynète déjà écrite, alors que tout ça était bel et bien improvisé ! Mais qu'on se rassure : dès que les voitures étaient sorties de ce traquenard, nous les interceptions pour dévoiler le pot aux roses et faire signer une autorisation de diffusion de l'image en bonne et due forme. Vous ne vous arrêterez plus jamais tout à fait comme avant à une barrière de péage, vous répétant la maxime de Damiens à un client pressé : « Ici, on est là pour perdre du temps, et de l'argent ! »

SERGE COGNON

UN GENTLEMAN

On a trop l'habitude, un peu paresseusement, de disserter sur l'agressivité des gens. Mais, en tant qu'agent d'accueil à l'espace clients APRR de Gye, où je travaille depuis 1999, je peux témoigner qu'il existe beaucoup de personnes très aimables qui ont grand respect pour le travail des autres. Est-ce parce qu'il avait 92 ans et que la courtoisie était chose plus coutumière autrefois ? Je ne le crois pas, quoique son âge lui donnait également une élégance naturelle touchante. Ce monsieur, qui, un jour de 2002, est arrivé paniqué devant moi à l'espace clients, était en effet un véritable gentleman. Son antique Peugeot avait rendu l'âme sur le parking, et il était anxieux de savoir comment se tirer de ce mauvais pas. Je m'empressais de le tranquilliser, d'appeler un dépanneur et de m'assurer qu'il n'avait besoin de rien. Il me remercia avec une grande gentillesse, me disant que sa femme l'attendait dans la voiture. Avant de rejoindre son épouse, il s'arrêta un instant et me dit que j'avais un très joli prénom, celui que portait la mère de Victor Hugo. Enfin, j'eus beau lui dire que je ne faisais que mon travail, il renouvela une dernière fois ses remerciements avant de partir. Quelle ne fut pas ma surprise, un mois plus tard, de recevoir dans ma boîte aux lettres professionnelle, à l'attention de « Mademoiselle Sophie », le récit que Geneviève Dormann a consacré à la mère de l'auteur des *Misérables* : *Le Roman de Sophie Trébuchet*. Bien entendu, j'envoyai aussitôt une lettre de remerciements, qui fut le début d'une correspondance amicale et chaleureuse pendant plus d'un an et demi entre ce monsieur et moi. Fêtes de Pâques et de Noël, mon mariage en 2003, la naissance de mon fils en 2004 : il m'envoyait ses vœux et ses pensées, avec retenue et délicatesse. Puis je ne reçus plus rien. Sans doute mon aimable correspondant est-il mort désormais. J'imagine parfois qu'il peut à loisir converser avec Sophie.

SOPHIE CHAPELLIER

UNE BONNE ÉTOILE

25 juillet 2002 : c'est la pleine saison estivale et l'autoroute du Sud voit transiter sur ses axes des dizaines de milliers de véhicules par jour. À 6 heures du matin, dans le sens Lyon-Paris, ce ne sont « que » 600 véhicules par heure qui rejoignent leur lieu de villégiature ou de résidence. Comme j'effectue mon service de patrouilleur, je me rends sur le site d'un accident signalé quelques instants plus tôt et gare mon fourgon 120 mètres en amont du point d'impact, avant de remonter à pied vers le véhicule accidenté. Celui-ci, pour une raison inconnue, endormissement ou problème mécanique, est venu taper contre la barrière de sécurité protégeant le terre-plein central de l'autoroute, avant de traverser les voies pour finir sa course sur la voie la plus lente, en lisière de la bande d'arrêt d'urgence.

Parvenu au véhicule, j'effectue un premier bilan sur la passagère (j'ai également été pompier de Paris), blessée et allongée sur le bas-côté tandis que son mari surveille la circulation. Je les avertis tous deux que je dois rejoindre mon fourgon pour en rapporter une couverture de survie. Mais le mari de la victime me signifie qu'il en a une dans sa propre voiture et qu'il me suffit de l'utiliser. Cette précaution m'a sauvé la vie : quelques instants plus tard, j'entends un choc épouvantable dans mon dos. Un poids lourd de

44 tonnes transportant des pneus vient de percuter avec une violence inouïe mon fourgon resté à l'arrière. Le temps de me retourner et je vois passer devant moi le poids lourd gravement endommagé, ma camionnette n'étant plus qu'un amas de tôles projetées sur 200 mètres. Puis, plus rien d'autre que le silence total. Et l'effroi de penser que j'aurais dû me trouver, à cet instant précis, dans mon fourgon, à la recherche d'une couverture de survie.
Après m'être assuré de la mise en sécurité du couple accidenté, je rejoins du plus vite que je peux le poids lourd. Je suis rassuré : le conducteur est certes blessé, le visage baigné de sang, mais bien vivant. Aussitôt, il me demande si le conducteur du fourgon qu'il a percuté était à bord, et je peux à mon tour le rassurer en répondant qu'il est là, devant lui.
Le lendemain, je fêtais mes 35 ans.

PIERRE PAQUELET

QUELQUES GRAMMES DE DOUCEUR

Sur une aire de services, on rencontre des automobilistes, des routiers, mais aussi de drôles de petites bêtes. En juin 1998, recrutée par APRR pour mener une enquête auprès des automobilistes, je m'étais rendue sur l'aire de Beaune-Merceuil où je devais interroger des chauffeurs routiers. L'après-midi était calme et je déambulais tranquillement sur le parking réservé aux poids lourds quand une minuscule boule de poils noirs est venue se coller à moi. Égaré au milieu des camions, l'adorable chaton me fait immédiatement craquer et c'est avec beaucoup de regrets que je le quitte.
Sur le trajet du retour, impossible de me débarrasser du souvenir de la petite bête, si bien que je ne peux m'empêcher d'en parler à mon mari, encore et encore. Puisque c'est ainsi, il n'y a qu'une solution : la mission de sauvetage est lancée, mon mari et moi partons pour l'aire en question.
Le temps de regagner Beaune, la nuit est déjà dense. Comment retrouverons-nous mon petit protégé dans la pénombre ? Après une heure de vaines recherches, le désespoir me gagne ; mais mon mari, persévérant par nature, se refuse à renoncer si facilement. « Continuons, nous allons finir par le trouver. » Une autre heure passe, qui signe notre échec. C'est alors que surgit enfin le chaton,

quand nous étions sur le point d'abandonner la partie ! Le jeune félin se laisse prendre le plus facilement du monde et se roule dans mon pull, tout heureux, pour se blottir contre moi. En quelques instants, nous nous sommes adoptés.
Douze ans plus tard, Pilou, puisque tel fut son nom, nous a quittés, après nous avoir accompagnés dans les voyages, les déménagements, sans jamais perdre ni sa douceur ni son besoin d'affection. Une belle vie de chat pour un naufragé de l'autoroute.

VÉRONIQUE PEREIRA

VA, JE NE TE HAIS POINT

C'est un samedi matin sans histoire apparente. Je suis de permanence au district autoroutier du Val-de-Saône, qui couvre et gère le réseau autoroutier sur plus de 60 kilomètres répartis dans la Saône-et-Loire, via les autoroutes A40, A6 et désormais A406, dont la construction vient de s'achever fin 2010. Mais nous sommes pour l'heure à l'été 2003, et tout est fort calme. Soudain, sans crier gare, un homme d'une quarantaine d'années sort en trombe de sa voiture qu'il vient de stationner virilement dans la cour qui jouxte nos bureaux.

L'homme est visiblement paniqué. Je lui ouvre la porte et lui demande calmement ce que je peux faire pour lui. Mortifié, il dit avoir laissé son épouse par mégarde sur l'aire autoroutière de Mionnay, plus de 70 kilomètres en amont. C'est que, circonstance aggravante, il ne s'est aperçu de sa bévue que de longues minutes après avoir repris la route. En outre, le portable de la moitié abandonnée, laissé dans la voiture, s'avère parfaitement inutile. Il veut rejoindre sa femme au plus vite et me demande comment s'y prendre.

Un brin goguenard, je l'avoue, et alors que je m'enquiers du numéro de téléphone de la station-service de Mionnay, je ne peux m'empêcher de remuer un chouïa le couteau dans la plaie en lui demandant comment diable a-t-il pu s'y prendre pour parcourir plusieurs dizaines de kilomètres avant de s'aviser que sa douce moitié était restée à quai... Représentant de commerce habitué aux longues chevauchées solitaires, le bonhomme argue que l'habitude lui a joué là un bien mauvais tour et qu'on ne l'y reprendra plus...

Mais aurait-il seulement l'occasion de prouver sa bonne foi ? Jointe par téléphone à la station-service, l'épouse de ce drôle de VRP, qui ne s'était d'ailleurs pas manifestée auprès du personnel, devait méditer de solides mesures de rétorsion, d'autant qu'elle ne souhaita pas prendre l'appel de son mari. Difficile de lui en tenir trop rigueur : mon visiteur impromptu me confessa, définitivement piteux, que lui et sa femme, tout nouvellement mariés, partaient en voyage de noces.

Il serait facile d'ironiser sur l'avenir sentimental d'un tel couple, mais, après tout, les sentiers du sentiment sont parfois tortueux...

PIERRE CASALTA

HISTOIRE DE GENDARMES

Quand nous patrouillons sur l'autoroute, l'une de nos missions est bien sûr de dresser des contraventions pour les automobilistes ne respectant pas les dispositions du Code de la route, en particulier les limitations de vitesse. Inutile de préciser que les conducteurs en question prennent rarement la chose avec le sourire !

Mais, cette fois-ci, nous nous sommes retrouvés face à un cas que personne n'aurait pu prévoir.

Nous avions arrêté le chauffeur d'une Porsche qui s'était laissé griser par la vitesse et avait largement dépassé la limite autorisée. Nous nous apprêtions donc à le verbaliser quand il nous a déclaré avec une emphase incroyable que c'était sa deuxième contravention de la journée et qu'il ne pouvait pas le supporter. Soit.

Cet hurluberlu s'est alors précipité sur la chaussée et, le temps que nous réagissions, il s'était allongé, sur la voie rapide, les bras en croix, répétant inlassablement : « J'en ai marre de vivre, j'en ai marre de vivre ! »

Après un bref instant de total désarroi, nous avons dû agir dans l'urgence. Avec une peur terrible au ventre, nous nous lançons au secours du malheureux, en coupant à notre tour les voies de circulation...

Le cœur battant, les jambes tendues à leur maximum et les mâchoires serrées, nous avons ramené le conducteur en sécurité. Un sauvetage dont je me souviendrai longtemps.
En tout cas, sa contravention, il n'y a pas coupé.

PHILIPPE PREVOST ET OLIVIER GENET

BONSHOMMES DE NUIT

De temps en temps, les conditions climatiques imposent leur loi sur la route. Cela n'empêche pas certains automobilistes de conserver un solide sens de l'humour. En mars 2010, une tempête de neige s'est abattue sur le nord de la vallée du Rhône, alors que nous rentrions d'un week-end de ski en Maurienne. Par chance, nous avons pu sortir à temps de la vallée et nous réfugier dans une ville proche pour passer une nuit confortable à l'hôtel. Mais tous les automobilistes ne sont pas parvenus à nous imiter et la plupart ont été contraints de passer la nuit sur l'autoroute.

Quand nous avons pu reprendre notre route, le lendemain matin, nous nous sommes vite rendu compte qu'il en fallait plus pour atteindre le moral de certains. Sur le terre-plein central, une procession de bonshommes de neige, construits par les « naufragés » de la veille, était là pour nous montrer que quelques flocons malvenus peuvent aussi réveiller notre âme d'enfant…

LISE FONS-VINCENT

TOUT LE MONDE EST LÀ ?

Lors des déplacements scolaires, la grande angoisse est toujours celle de « perdre » un élève.
Mais compter et recompter les petits voyageurs ne prémunit pas contre tous les oublis. Alors que nous étions en route pour un séjour en classe de neige, notre car s'est arrêté sur une aire d'autoroute pour la traditionnelle pause-pipi.
En maîtresse consciencieuse, j'emboîte le pas à mes élèves pour vérifier qu'ils ne se dispersent pas et qu'ils retournent tous bien au car. Une fois tout le monde soulagé et reparti s'embarquer, je me rends à mon tour aux toilettes et, lorsque j'en ressors, je vois le car s'éloigner sans moi ! Je cours, j'appelle, j'agite les bras en tous sens à l'attention du car, mais il est déjà trop tard. Je me retrouve donc seule, sans sac à main, sans papiers, sans argent. Et sans élèves.
La panique me gagne un bref instant, puis je reprends mes esprits et interpelle tout de go un jeune couple à qui je demande de me déposer à l'aire suivante.
À mesure que je leur explique la situation, leurs yeux s'arrondissent !... Les portables n'existant pas encore à l'époque, j'espère que mon groupe se sera rendu compte de mon absence et aura songé à m'y attendre.

Imaginez donc mon soulagement quand, quelques instants après, je vois le car réapparaître, faisant marche arrière sur la bretelle d'insertion sur l'autoroute. Ouf, nous sommes sauvés ! La classe a retrouvé sa maîtresse !

CATHERINE

DANS LE GRAND BAIN

Alanguie dans un bain tiède, je tente d'assouplir mon ventre rendu trop ferme par la fin de ma grossesse, et me relaxe tranquillement. Mais voilà que, déjà, je perds les eaux. Immédiatement, je sais qu'il va falloir écourter ce moment de calme, les choses pouvant aller très vite.
Tandis que je me sèche puis me rhabille, mon mari, David, charge la voiture des quelques affaires que je souhaite emporter à la maternité. Pour la rejoindre, nous devons gagner Chambéry, dans la vallée voisine. Nous habitons Lépin-le-Lac, au bord du lac d'Aiguebelette. L'autoroute permet de rallier la maternité au plus vite.
Les huit premiers kilomètres en lacets qui nous séparent de l'entrée de l'autoroute, à Nances, sont dantesques : je les connais par cœur mais, ce jour-là, ils se transforment en manège infernal, que des contractions de plus en plus fortes et resserrées viennent délicatement agrémenter...
L'autoroute et son billard d'asphalte sont une bénédiction. Mais je sens maintenant le bébé descendre le long du col. Sous le tunnel de l'Épine, calée à l'arrière de l'auto contre la portière, je sens que la délivrance est imminente. Je demande à mon époux de s'arrêter aussi vite que possible, ce qu'il fait aussitôt le tunnel franchi, le long d'un portail fermant l'accès à une voie de service.

À peine David m'a-t-il rejointe sur la banquette arrière que Louis pointe le bout de sa tête. Très vite, il est dans les bras de son père, qui le pose sur ma poitrine. Violacé et tout humide, il prend une grande inspiration et pleure. Rassurés, nous l'enroulons dans une serviette et David, en trombe, fonce vers la maternité.
Il était 18 h 50, ce 29 septembre 2010, lorsque Louis a décidé de sauter directement dans le grand bain de la vie.

CHRISTINE MUSCAT

QUELQU'UN A VU MA FEMME ?

Difficile de disparaître d'une voiture ? Et pourtant les automobilistes parviennent toujours à nous surprendre. À la fin des années 1970, alors que j'étais au péage de Tournus avec un collègue, nous avons vu arriver une voiture dont le conducteur, visiblement choqué, nous a annoncé sans préambule : « J'ai perdu mon épouse. » Nous nous regardons, un peu interloqués, et cherchons à comprendre. « Vous avez laissé votre femme sur une aire de repos ? » Il faut dire que c'est plus fréquent qu'on ne le croit. Mais les réponses du conducteur restent confuses et nous ne comprenons toujours pas où il veut en venir. La dame semble s'être littéralement volatilisée. C'est alors que nous remarquons du coin de l'œil la présence d'une personne dans le fossé, à quelques centaines de mètres de là. Il s'agit de l'épouse égarée ! Après un arrêt sur une aire, mari et femme étaient repartis sans réaliser que la portière avant droite était mal fermée. À la sortie de Tournus, dans la longue courbe vers la gauche de l'échangeur, la portière s'était ouverte ; subissant les effets de la force centrifuge, la malheureuse avait été éjectée du véhicule ! Heureusement, il y eut plus de peur que de mal, et elle en fut quitte pour quelques heures d'observation à l'hôpital. On comprend mieux l'obligation de boucler sa ceinture…

HENRI GUITTAT

COMME DANS UN DESSIN DE SEMPÉ

Il pleuvait à verse sur l'autoroute A5, ce jour-là, entre Langres et Paris. Les voitures, en passant de part et d'autre du terre-plein central, soulevaient des gerbes d'eau qui se transformaient instantanément en vaporisations farineuses. Est-ce pour cela que je n'ai pas cru d'abord ce que je voyais ? Là, entre les deux voies rugissantes, trempé par la pluie autant que par ces milliers de gouttelettes en suspension, un homme d'une quarantaine d'années, impeccablement mis, ramassait avec le plus grand soin quelques fleurs sauvages, tout à fait indifférent au tumulte ambiant. Mon assistante, qui voyageait avec moi, me lançait déjà un coup d'œil interloqué, pour s'assurer qu'elle n'avait pas été elle aussi victime d'un mirage. Mais non. Déjà, nous étions loin de l'étrange personnage, tout droit sorti d'un dessin de Sempé, chez qui la poésie sort du bitume. Stupéfaits, nous avons éclaté de rire. Amoureux transi ou doux dingue ? Cet homme d'affaires en costume trois pièces semblait avoir arrêté le temps !

FRANCK ARNOULT

DE L'AVANTAGE D'ÊTRE MARIÉS

On dit du mariage qu'il est l'union de deux âmes ; le mien a surtout résulté de la théorie des chocs… Nous sommes en juillet 1984. Mon compagnon et moi partons en vacances avec mes deux enfants âgés de 12 et 5 ans, David et Michaël. Pour échapper à la chaleur, aux embouteillages et permettre aux enfants de se reposer, nous prenons l'autoroute de nuit lorsque, tout à coup, nous devons effectuer une violente embardée afin d'éviter une Renault 12 devenue folle qui fonce à contresens sur l'autoroute. Six véhicules sont impliqués dans le carambolage qui nécessite un important dispositif de secours et de gendarmerie. Heureusement, nous en sommes quittes pour des blessures relativement superficielles, un doigt cassé pour moi, un nez fracturé pour mon plus jeune fils et une langue bien entaillée pour l'aîné, qui dormait profondément au moment de la collision. Une fois les premiers soins dispensés, il a fallu établir le constat de l'accident auprès des gendarmes. La chose donna lieu à une scène à la fois amusante et fastidieuse pour le pauvre militaire de permanence. Commençant en effet par demander l'identité de mon compagnon, « Jenn, Michel », le gendarme croit bon d'anticiper sur mon état civil, écrivant à nouveau « Jenn » dans la case qui m'est dédiée. Je dois le corriger, en lui précisant que nous ne sommes pas mariés et que je réponds au patronyme de « Roussel ». Bonne pâte, il déchire le formulaire, reprend sa plume, me demande s'il s'agit de mes enfants et, devant mon acquiescement, note « Roussel » avant même que je puisse lui dire que, fruits d'une première union, ils se nomment « Poilevey ». Agacement perceptible du gendarme qui déchire à nouveau le formulaire, accablé devant la vingtaine de témoins qui se pressent derrière nous, à 5 h 30 du matin, plus de deux heures après l'impact et alors que son service aurait déjà dû s'achever. À son irritation viennent s'ajouter notre fatigue, l'état de nos nerfs, notre entame de vacances calamiteuse, les pleurs de mes enfants, n'en jetez plus. Après une laborieuse remontée vers l'Alsace pour nous munir d'un autre véhicule, nous avons pu enfin profiter de vacances bien méritées dans le Sud. C'est sur le chemin du retour que mon compagnon, effaré par la complexité administrative que nous avait valu notre statut matrimonial non identifié, me proposa que nous nous mariions au plus vite. On me rétorquera que le motif était bien prosaïque… Qu'importe ! Nous nous sommes mariés le 6 octobre suivant, et sommes heureux depuis lors. Avec Sacha Guitry, qui pourtant n'était pas tendre avec le mariage, je peux conclure en disant : « Le mariage ? C'est une si jolie idée que celle de vouloir faire le voyage à deux ! »

DOMINIQUE ROUSSEL, ÉPOUSE JENN

SONGE D'UNE NUIT D'ÉTÉ

Je ne suis pas encore assez vieille pour dire « quand j'étais jeune », et pourtant… Je me souviens avec nostalgie des grands départs en vacances d'été, dans la Ford Sierra de papa, lui au volant, maman à ses côtés et ma sœur qui se trouvait toujours assise derrière le siège conducteur, à ma gauche. Chacun occupait sa place, sans jamais en changer. Même Jeannot, notre lapin nain, faisait toujours le trajet entre nous, sur l'accoudoir central.
Nous empruntions souvent la route pour partir en week-end, mais les vacances d'été en famille étaient un événement et le plaisir était encore plus grand. Le fond sonore ? Abba. Aujourd'hui encore, quand j'entends l'air de *Dancing Queen*, j'ai l'impression de voyager à nouveau dans la Ford Sierra !
Cet été-là, mes parents avaient voulu que ma sœur et moi voyagions confortablement. Espérant ne pas nous entendre, ils avaient décidé que nous ferions la route de nuit et avaient eu l'idée de transformer la Ford Sierra en « petit camion », comme le disait maman.
Une idée ingénieuse qui ajoutait à notre immense impatience de prendre la route. Le soir de notre départ vers les Landes, les bagages furent donc chargés dans le coffre de toit. Les sièges avaient été rabattus et, de ce fait, la cloison qui séparait la banquette arrière du coffre avait disparu : ma sœur et moi avions tout l'espace arrière

de la voiture pour nous allonger. Nos oreillers étaient installés et une couette avait été dressée. C'était un vrai lit ! Surexcitées par cette nouvelle façon de voyager, nous nous sommes installées sans rien changer à nos habitudes. Il faut préciser qu'à l'époque, nous ne pensions pas à mettre nos ceintures de sécurité à l'arrière parce qu'elles n'étaient pas obligatoires.
Cette nuit-là, j'avais beau être « couchée », je voyais à travers la vitre le ciel et les étoiles. J'avais mon baladeur sur les oreilles et, en bordure de l'autoroute, tous les villages assez proches pour être aperçus depuis notre itinéraire nous offraient, les uns après les autres, leurs feux d'artifice tirés pour le 15 août. Cette fameuse nuit, je crois bien en avoir vu une bonne dizaine en tout !
Bien sûr, je n'ai pas fermé l'œil, absorbée par ce paysage nocturne et le calme de la voiture. Ce fut l'un des moments les plus apaisants de ma vie.

JULIE TRIBOUT

EN ROUTE POUR LA JOIE

J'en connaissais pourtant des histoires de cette trempe. Vous savez bien, on se prépare, on fait une chambre aux petits oignons, on s'inscrit des mois à l'avance dans une maternité dont on a examiné les avantages, de proximité et de savoir-faire. Et puis, vous vous retrouvez à bord de votre voiture, un jour d'hiver de 1997, sur l'autoroute A48 en direction de Saint-Martin-d'Hères sur la route de Grenoble, à jeter fébrilement des coups d'œil dans votre rétroviseur pour décrypter vaille que vaille l'expression de votre épouse, dont le travail a commencé.

Vous vous dites que non, que les choses sont ainsi faites que vous aurez rejoint la clinique suffisamment vite pour ne pas avoir à faire ce à quoi vous vous refusez de penser. Mais voilà que votre femme vous supplie de vous arrêter immédiatement, qu'elle ne peut plus, qu'il le faut, tout de suite. Alors vous vous arrêtez sur la bande d'arrêt d'urgence, sautez de votre siège, ouvrez la portière arrière à la volée pour découvrir le minois de votre fils qui déjà apparaît entre les jambes de sa maman. La vie a lieu, maintenant, vous donnez naissance à un petit garçon, en priant le ciel pour ne pas mal faire, puis vous le déposez délicatement sur le ventre de sa mère. Les policiers arriveront quelques instants plus tard et préviendront la clinique de votre arrivée. Puis, vous reprenez le volant dans un état indescriptible de bonheur et de crainte, avant que les médecins avertis vous accueillent dès la voiture garée sur le parking, coupent le cordon et montent le nouveau-né au chaud. Vous êtes arrivé à la clinique, mais vous êtes en route pour la joie ! Aujourd'hui, Yann a 14 ans.

SERGE FLANDRIN

LA GAGNE !

« Les emmerdes, ça vole toujours en escadrille. » L'ancien président de la République Jacques Chirac s'y connaissait, on ne peut pas lui retirer ça. Mais je pourrais ajouter que les coups de chance aussi volent en formation serrée. Fin janvier 2010, je quitte ma petite ville d'Oyonnax, dans l'Ain, pour soutenir notre équipe de rugby de deuxième division qui disputait un match à l'extérieur contre Narbonne. Nous remportons la victoire sur la marque de 28 à 10 et, ravis, savourons ce délicieux week-end dans le Sud-Ouest de la France.

Mais le ballon ovale n'est pas ma seule marotte. Le lendemain se tenait le Grand Prix d'Amérique comptant pour le Championnat du monde des trotteurs, sur l'hippodrome de Vincennes. Comme je le faisais pour chaque course, j'avais mis le paquet sur un cheval répondant au doux nom d'Oyonnax, en hommage à ma ville de résidence : 100 euros gagnant (le cheval doit terminer premier) et 100 euros placé (il doit finir dans les trois premiers de la course). Or, il faut bien le dire, Oyonnax n'a guère que son nom pour lui et il ne faut pas grand-chose pour que les amateurs le qualifient de vrai tocard. Les plus aimables parlent de « gros outsider ».

Effectivement, sa cote était ce jour-là de 172 contre 1, ce que j'ignorais puisque le rugby avait occupé tout mon début de week-end. Alors que je roule sur l'autoroute en direction d'Oyonnax, le lendemain de la victoire de notre équipe, je reçois, vers 15 h 30, un coup de fil : Oyonnax a gagné ! À une cote incroyable ! Je crois d'abord à une blague, mais trois autres appels me confirment la victoire de ma bourrique préférée et me disent le montant de mes gains, 20 000 euros tout de même. Inutile de vous dire que nous nous sommes arrêtés sur une aire d'autoroute, pour trinquer à ce fabuleux week-end, et guetter, qui sait, une nouvelle escadrille de... bonnes nouvelles.

CLAUDE

LA ROUTE DU VIN

Une voiture nous dépasse avec le passager qui brandit une bouteille de vin par la fenêtre. C'était un couple d'Allemands, des personnes âgées auxquelles nous venions de donner un coup de main. En route vers Lyon, avec un collègue, je m'arrête sur une aire d'autoroute où un monsieur tentait de faire démarrer sa voiture pendant que sa femme poussait. Il tombait des trombes d'eau à ce moment-là. Nous avons proposé de pousser à sa place. La voiture a redémarré et la dame a sorti son porte-monnaie pour nous donner de l'argent. Nous avons décliné et sommes partis en leur expliquant que nous étions pressés. Une fois sur l'autoroute, nous apercevons donc la voiture avec la dame qui nous fait des grands signes en brandissant par la fenêtre ouverte une bouteille de vin. Nous leur faisons comprendre que nous allons nous arrêter à la prochaine aire. Mais voici que le conducteur nous dépasse et freine brusquement devant nous ! Il pensait peut-être que nous voulions stopper la voiture sur l'autoroute... Un peu perplexes, nous l'avons dépassé prudemment puis sommes sortis à l'aire suivante où ils nous ont offert une bouteille de gewurztraminer « vendange tardive ». Un vin vraiment délicieux que nous avons goûté le soir même en repensant à ce drôle de couple !

NICOLAS HOFFMANN

BARCELONE

D'AMOUR
ET D'AUTOROUTE

Lui : Je quittais Annecy pour rendre visite à mon père, dans les Landes. Mon travail me laissait quelques jours de répit, nous étions le 1er avril 2010 et l'orage grondait. Je roulais déjà depuis quelques heures.

Elle : Nous nous étions réfugiées avec ma colocataire dans une station-service Avia, sur l'aire de Porte de la Drôme. On souhaitait rejoindre Barcelone en stop, pour attraper du soleil et prendre quelques vacances. Nous étions parties le matin même du Vevey, en Suisse, où nous résidions. Le début de la journée n'avait pas si mal marché que cela, mais il était minuit trente, il pleuvait à verse, et nous étions en plan. Notre carton griffé « Barcelone » avait pris un coup dans l'aile et peluchait sous l'humidité... Le fils des gérants de la station-service, dont nous apprendrions plus tard qu'ils s'appelaient Thierry et Christine Meriel, nous avait gentiment proposé de laisser le lieu ouvert, histoire de grignoter un sandwich et de sécher un peu.

Lui : C'était une pause tout ce qu'il y a de plus banal, café, clope, avant de repartir. Comme je me rendais aux toilettes, j'avais noté sans y prêter trop d'attention que l'on me saluait avec insistance à deux reprises, « bonsoir ». Mais c'est alors que je prenais l'air à l'extérieur, protégé de la pluie par l'avancée du toit de la boutique, que tu m'as abordé.

Elle : Je m'étais dis en te voyant passer que tu étais un peu fou (mais gentiment) avec tes tongs par cette pluie battante. On a commencé à papoter, je t'ai dit notre projet de descente vers Barcelone, le feeling passait bien. L'ancien gendarme que tu étais s'est inquiété du fait que ce n'était pas bien prudent, deux filles trempées faisant du stop. Je crois que tu préférais que ce soit toi plutôt qu'un autre qui nous prenne en charge.

Lui : Tu m'as dit, un peu bravache et pour rire, dans ton treillis trop grand de voyageuse, que ta copine était munie d'un couteau... Nous sommes partis, et tu es montée à l'avant, tandis que ton amie, sur la banquette arrière, nous laissait faire la conversation. Toi qui détestes ça, d'habitude, parler pour meubler, mais ça a tout de suite marché notre babil. Je sentais que quelque chose avait lieu.

Elle : Et puis tu m'as tendu ton briquet, et nous nous sommes touché la main. C'est un peu idiot à dire mais toi comme moi avons ressenti la même chose, une sorte de phénomène électrique très puissant, un peu comme un éclair qui s'éternise. J'ai l'impression que tout s'est scellé à cet instant précis. Les jours qui ont suivi ont été fous et évidents, Barcelone oubliée, copine évincée (les gens qui s'aiment sont toujours un peu cruels, si on en croit William Sheller), journées miraculeuses. Enfin, nous nous aimons.

Lui : Dès notre retour, je quitte Annecy et te rejoins à Lausanne, où nous commençons à habiter ensemble. Surtout, je veux t'épouser et cet orage, cette autoroute qui nous ont, nous deux parmi des milliers, retenus et liés, je veux les revivre pour te demander ta main. Alors, j'appelle à droite à gauche et finis par parler à Thierry, le patron de la station-service, et lui expose mon projet : il s'agissait de nous arrêter sur l'aire de Porte de la Drôme pour que tu tombes nez à nez avec une immense banderole de demande en mariage. Fin juillet 2010, alors que nous repartions vers la côte basque, entourés de Thierry, Christine et leur fils, je te faisais ma demande en mariage et tu as dit oui. Parmi des gens que nous connaissions à peine et que pourtant nous connaissions intimement.

ÉLODIE ET KARL-MATHIAS WEIGL

LARGUEZ LES AMARRES

On néglige trop l'aspect incroyablement évocateur de l'autoroute, notamment chez les enfants pour qui elle est souvent la piste d'envol vers les vacances, l'évasion et les rêves. Elle recèle encore aujourd'hui, pour moi, une grande poésie, toute pleine de bonheurs à capturer.

Comment pourrais-je oublier ces moments, lorsque, chaque mois de juillet, nous chargions notre voiture au tout petit matin pour prendre, depuis notre Charleville-Mézières natale, la mythique autoroute du Soleil vers Perpignan, une promesse de chaleur et de couleur dont les Ardennes nous avaient souvent privés durant le long hiver.

Dans la voiture aux odeurs de pain de mie, les sacs amoncelés formaient des îlots douillets, à partir desquels je considérais le jour qui se levait et les teintes superbes qu'il donnait au paysage déjà modifié, végétation, habitat, ligne d'horizon. Lorsque le soleil emportait les dernières traces de nuit, il fallait chausser des lunettes de soleil, qui signalaient indubitablement que nous étions en vacances.

Comme j'adorais la route, je demandais à mon père de se procurer, à chaque péage, la carte du réseau sur lequel nous roulions. Celle d'APRR (SAPRR à l'époque, dotée de son célèbre logo orange et

bleu) était de loin ma favorite car, richement illustrée, on y trouvait de nombreuses photographies des paysages traversés, mais aussi des vignettes reproduisant la myriade de panneaux de signalisation utiles pour le bon fonctionnement de la machine autoroutière. Arrivé à destination, je découpais avec application ces vignettes, les encollais avant de les fixer sur les bâtonnets en plastique des sucettes dont je m'étais régalé en considérant le paysage. Puis je reproduisais, avec mes petites voitures, la vie de l'autoroute qui me fascinait tant.
J'ai 18 ans désormais ; cependant, dès que je le peux, j'abandonne le volant pour continuer à jouir de ce monde beau et changeant que je photographie passionnément, le regard braqué vers un bout de mon enfance.

HUGO MAILLET

LES GLADIATEURS ONT DU CŒUR

Ce jour-là, les plus grands, les plus courageux gladiateurs que Rome ait connus se sont affrontés. Leur combat a duré 45 minutes devant mon valeureux petit garçon, le jeune empereur Virgile. Les arènes ? Une aire de repos de l'A49. Une fois par mois, nous empruntons cette autoroute pour aller de la Drôme, où nous habitons, jusqu'à l'hôpital de Grenoble où mon fils de dix ans consulte un spécialiste. Il est atteint d'une maladie dégénérative qui le prive, une à une, de ses capacités psychomotrices. Depuis deux ans, il est cloué dans un fauteuil roulant car ses jambes ont cessé de fonctionner. Ce tableau est plutôt démoralisant mais notre vie est loin d'être triste. Mon petit bonhomme compense ses souffrances physiques quotidiennes par une bonne humeur constante et un esprit enthousiaste. Il nourrit une passion particulière pour la Rome antique et ne rêve que d'arènes, de centurions et surtout de gladiateurs.

L'été dernier, nous étions donc en route vers Grenoble sur ce trajet d'une cinquantaine de minutes que nous connaissons par cœur et où nous avons nos repères : quelques employés des aires de repos nous appelant par nos prénoms, et le Vercors, tantôt couvert de brume, tantôt écrasé par le soleil ou encore ruisselant sous la pluie.

Transport
de Gladiateurs
COMBATS EN ARENE

Virgile et moi roulions paisiblement en écoutant Autoroute Info, lorsqu'un fourgon nous a dépassés et est venu se rabattre devant notre véhicule. Sur le moment, je n'ai pas fait attention aux autocollants qui recouvraient l'arrière du fourgon. Puis je n'en crus pas mes yeux : ils annonçaient en lettres gothiques de grand format Transport de gladiateurs – Combats en arènes.
Mon fils était installé sur le siège arrière, sa main droite tenant une figurine en plastique de gladiateur et la gauche brandissant un lion féroce. Le combat devait être rude à en juger par ses rugissements. Je ne pouvais quitter des yeux le véhicule qui roulait tranquillement devant nous. J'ai actionné le clignotant gauche et, à mon tour, dépassé le minivan. Cinq ou six jeunes hommes étaient à bord et les portières latérales, constellées d'autocollants, confirmaient la présence de redoutables guerriers d'un autre siècle.
J'ai remis le régulateur de vitesse sur 110 km/h et dit à mon fils de regarder par la lunette arrière. Virgile a poussé des cris de joie quand il a réalisé que nous venions de doubler les héros qui habitaient ses rêves.
Mais, à notre allure « pépère », nous avons tôt fait d'être doublés à nouveau par les jeunes gens. Ainsi, Virgile a pu les apercevoir,

tous assis dans leur camionnette, et apparemment de bonne humeur. Une minute plus tard, ils ont bifurqué sur leur droite, se dirigeant vers une aire de repos.
Instinctivement, je les ai suivis et suis venue me garer à leur côté sur le parking. Je suis sortie de ma voiture et j'ai accosté le conducteur. Je me suis présentée, je m'appelle Marie Russello, et je me suis excusée de mon sans-gêne. J'ai vite expliqué que mon fils était le plus grand fan du XXe siècle des combattants de la Rome antique.
Les jeunes gens ont jeté un œil à l'intérieur de ma voiture et vu Virgile assis à l'arrière, son fauteuil roulant apparaissant à travers la vitre du coffre.
Sans même se concerter, ils m'ont demandé d'installer mon fils à l'ombre d'un pin laricio et ils sont allés farfouiller à l'arrière de leur fourgon durant dix longues minutes.
S'ensuivit, comme dans un rêve, un combat acharné de 45 minutes entre des courageux gladiateurs, costumés et armés. Mon valeureux petit garçon avait des étoiles dans les yeux ainsi qu'un sourire qui resterait dessiné de longs mois sur son visage. L'affrontement se termina par une embrassade entre Virgile, Julius, Claudius, Spartacus, Romulus et Hadrien.

Nous sommes remontés en voiture avec un poster dédicacé et une épée en bois, sans doute en retard pour notre rendez-vous à l'hôpital.
Ainsi donc, l'A49, comme tous les autres chemins, mène bien à Rome.

MARIE RUSSELLO

TOUT CE QU'IL NE FAUT PAS FAIRE EN UNE LEÇON

Sur la route, il ne suffit pas de respecter les limitations de vitesse et la priorité à droite, il faut aussi faire preuve d'un minimum de bon sens. Alors que je réalisais une mesure de bruit en bordure de l'autoroute A6 entre la barrière de péage de Limas et l'échangeur de Villefranche-sur-Saône (sens Lyon-Paris), j'ai assisté et participé à une scène dont l'absurdité m'étonne encore. Avec mon collègue, nous avions pratiquement terminé nos mesures quand une voiture ralentit en nous voyant et s'arrêta sur la bande d'arrêt d'urgence. Légèrement trop loin, donc, accessoirement, petite marche arrière... Je m'approche tout en restant prudemment de l'autre côté de la glissière de sécurité. L'automobiliste est très serein : « Pour aller à Roanne, c'est bien par ici ? » On peut en rire maintenant mais, sur le coup, nous n'en revenions pas... Bien sûr, pour aller à Roanne, il n'était pas vraiment dans le bon sens. « Faites demi-tour, direction Lyon, puis vous verrez indiquée la direction de Roanne. » Pour moi, il semblait évident que faire demi-tour impliquait de prendre la prochaine sortie. Erreur... Je m'aperçois que le conducteur s'apprête à repartir en faisant demi-tour en pleine voie ! J'ai juste eu le temps de courir donner un coup de poing sur sa vitre arrière pour l'arrêter. Par chance, il n'avait pas eu le temps de couper les voies. Toujours aussi tranquille, il se remet dans le flux de circulation et repart dans le bon sens. La densité du trafic était telle que, s'il avait poursuivi sur son premier élan, c'était l'accident grave assuré dans les trois secondes ! Peut-être même aurais-je été responsable, moi qui lui avais dit de faire demi-tour sans préciser où...

LIONNEL SEGAUD

IL EN MANQUE UNE ! VOUS ÊTES S'OR ?

Au fur et à mesure de la construction du réseau, tout le monde apprenait l'autoroute et ses contraintes : les automobilistes, les agents autoroutiers, mais aussi et surtout les banquiers. Il a fallu en effet apprendre à gérer les sommes provenant de l'argent versé par les automobilistes aux différents péages. Ce qui n'était pas une mince affaire puisque les paiements se faisaient à l'époque en liquide, le plus souvent avec des pièces de 1 franc. Imaginez ce que représentait en poids et en volume la recette d'un jour de grand départ…

Un de ces fameux jours, justement, une différence apparut entre les comptes du péage et ceux de la banque. Il manquait 500 francs. Mais comment faire pour éviter d'avoir à recompter manuellement les milliers de pièces placées dans de grands sacs ? Nous étions convaincus qu'il s'agissait d'une erreur de comptage : qui aurait pu en effet partir discrètement avec un sac de ce volume ? Volume ou poids ? Mais oui, le poids ! C'était là qu'était la solution à notre problème, il suffisait de peser les sacs. Excité par ma trouvaille, je finis par retourner voir ma femme, chez moi, pour rapporter notre pèse-bébé personnel. C'est ainsi que nous avons pu repérer un sac qui pesait 3 kilos de trop. À 6 grammes la pièce de 1 franc, nous avions retrouvé les 500 francs manquants !

PIERRE AUZOU

CHAMPIGNONS DE NOËL

« Chérie, tu as vu le lapin bleu sur le bas-côté ?
– Tu devrais faire une pause, mon amour. »
Voici le genre de réplique qu'ont pu échanger les automobilistes circulant sur l'autoroute A43 en direction de Chambéry, par une glaciale nuit de décembre. La traditionnelle bûche de Noël avait-elle été remplacée par un bouquet de champignons hallucinogènes ? Rien de tout ça, fort heureusement. Mon mari et moi avons simplement été les instruments involontaires d'une berlue générale. Nous étions invités à une soirée costumée. Prévoyant le froid polaire et redoutant l'exiguïté de l'habitacle de notre voiture pour nous changer, c'est chez nous que mon mari avait revêtu un costume de chasseur, et moi de mignon lapin bleu, afin d'incarner deux des célèbres personnages d'*Alice au pays des merveilles*.
Hélas ! En fait de faille spatio-temporelle, c'est un pneu crevé qui nous obligea à nous garer sur la bande d'arrêt d'urgence, afin de changer notre roue. L'opération nous prit une bonne demi-heure, ce qui offrit à de très nombreux automobilistes une curieuse vision nocturne : pas de fantasmagorique dame blanche en l'espèce, mais un simple léporidé azur et son prédateur à pétoire. On raconte qu'il y eut, cette nuit-là, un fort ralentissement autoroutier de même qu'un brin de magie.

DOMINIQUE LORENTE

LA PREMIÈRE MARCHE

Ah ! La soif de découvertes, la tentation irrésistible de partir. L'envie de « voir du pays » se saisit parfois des âmes les plus jeunes. La jolie Gaëlle, sans s'embarrasser d'aucun paquetage, est partie à la rencontre du monde… à tout juste deux ans !

Le 31 juillet 2000, vers 21 h 30, la mère de Gaëlle étend tranquillement le linge dans le jardin attenant à la maison, en compagnie de sa petite fille. Lassée du spectacle, Gaëlle décide de se promener un peu alentour, tandis que sa mère dispose avec application les pinces à linge. Mais échappant à la surveillance maternelle, la jeune exploratrice ne connaît pas de limite et s'aventure gaillardement vers des contrées inconnues, quittant bien vite le jardin familier.

L'air est frais et la température douce. Gaëlle poursuit sa marche sans perdre une goutte du savoureux paysage. Une randonnée qui la conduit jusqu'aux abords de l'autoroute A43, tout près de la grande barrière de Chignin. À la tombée de la nuit, la petite fille aura parcouru près d'un kilomètre ! Heureusement, un automobiliste aperçoit Gaëlle, tandis qu'il prend son ticket de péage. Sans perdre une seconde, il se précipite hors de sa voiture pour courir récupérer la petite avant qu'elle ne traverse les voies de circulation.

La surprise de la péagère est grande quand elle voit arriver un homme avec une enfant dans les bras, qui lui dit tout de go : « Regardez ce que je viens de trouver ! »
En attendant l'arrivée des gendarmes, la péagère s'est improvisée nounou : des feuilles de plannings, un feutre, et le tour était joué. Gaëlle s'est attablée et s'est concentrée sur des coloriages d'un nouveau genre. Rien ne semblait pouvoir troubler la marathonienne en herbe jusqu'à la venue des gendarmes ; Gaëlle s'est alors montrée plus méfiante, la peur peut-être de l'uniforme ! Un avis de recherche est vite diffusé à toutes les brigades auquel répondra celle de Montmélian alertée par les parents de la fugueuse. Tout finit donc pour le mieux. Mais je dois bien avouer que la première fois que j'ai entendu cette histoire, je n'y ai pas cru. Je travaillais alors pour le journal d'Area ; mon incrédulité m'a poussé à joindre la péagère providentielle pour entendre de sa bouche le récit de cette folle aventure. C'est alors seulement que j'ai réalisé que ce petit bonhomme de fille a vraiment eu une chance incroyable !

MATHIEU PAYAN

UN CAMION RONFLANT ET RUGISSANT...

Il est relativement fréquent que le chargement d'un poids lourd se déplace, voire se désarrime à l'intérieur du camion. En général, ce n'est pas un problème : le chauffeur se gare, replace puis rattache le chargement et le tour est joué. Oui, mais quand le camion est celui d'un cirque et que le chargement en question est un tigre un tout petit peu énervé, les choses se compliquent.

Concrètement, il s'agissait d'entrer à l'arrière du camion, d'amadouer le félin et de l'aider avec diplomatie à reprendre sa place, en sécurité. Curieusement, aucun volontaire ne s'est manifesté... La perplexité des patrouilleurs augmentait à la mesure du volume sonore des rugissements de l'animal. Une solution s'imposa : il fallut se résoudre à stationner le poids lourd sur une aire de services et à attendre du renfort. Un vétérinaire spécialisé est venu sur les lieux dans les 48 heures pour endormir le félin. Dans ces conditions, réorganiser et sécuriser l'arrière du poids lourd fut ensuite tâche aisée ! Tout est bien qui finit bien ? Expliquez donc cela à l'aigle qui voyageait dans le même camion et dont on n'a retrouvé que les serres...

PIERRE AUZOU

UNE AIRE DE REPOS À NULLE AUTRE (SALSE)PAREILLE

Pas besoin d'appuyer sur le champignon pour en découvrir un plein bosquet. Rendez-vous sur l'aire de repos de Jugy, dite des Carpophores, entre Dijon et Lyon, pour en faire la drôle d'expérience.
Il y a plusieurs années de cela, alors que je voyage en famille avec mon mari et mes deux filles de 10 et 12 ans, nous marquons une pause pour nous dégourdir les jambes sur cette aire au nom étrange. Une fois le dictionnaire consulté, j'apprendrai plus tard que le carpophore est le nom savant qui désigne le champignon, plus précisément la partie visible de celui-ci, pied et chapeau sortis de terre. Mais les décorateurs de l'aire de repos nous avaient donné des indices en parsemant l'espace de détente d'une multitude de champignons en stuc, de toutes tailles et de toutes couleurs, que mes filles ont vite comparés aux maisonnettes des Schtroumpfs. Mes filles, mon mari et moi nous en sommes donnés à cœur joie pendant deux bonnes heures, jouant à cache-cache avec Gargamel entre les bolets, cèpes et vesses-de-loup psychédéliques plantés de-ci de-là : quelques photos « pas piquées des vers » témoignent de cet épisode… hallucinogène. Le plus drôle, c'est que ma cadette, que nous emmenions ce jour-là en camp d'équitation pour la semaine, passa son séjour à chercher des Schtroumpfs sous chaque

champignon, à la surprise de ses moniteurs. On se souvient encore aujourd'hui de ce pur moment d'enfance bienheureux.

MURIEL DEBAR

WANTED : DOUDOU BLEU !

Sur les aires de repos, et *a fortiori* sur une aire de la taille de celle de Beaune-Merceuil, les gens égarent ou oublient toutes sortes de choses. Mais certains objets ne se remplacent pas facilement. Alors, quand nous avons reçu l'appel des parents d'un petit garçon désespéré par la disparition de son doudou, nous avons vraiment voulu le retrouver, même si nous n'avions que peu d'espoir. Un « signalement » de la peluche fut établi et communiqué à l'aire de Beaune ; nous avons également averti tout le personnel de l'aire. Bref, nous avons entrepris une vraie chasse à la peluche. Et, miracle, quelques jours plus tard, une peluche bleue fut retrouvée qui correspondait à la description du doudou disparu. Elle fut donc soigneusement lavée et expédiée aux parents du petit Antoine. Quel ne fut pas notre plaisir de recevoir peu de temps après une lettre de remerciements des parents et, surtout, un magnifique dessin d'Antoine !

CHRISTINE PLAYA

CHICKEN RUN

Ah ! l'appel irrésistible de la liberté, qui saisit tantôt les mammifères supérieurs que nous sommes, tantôt les gallinacés les plus humbles... L'autoroute A39 fut la scène sur laquelle se joua cette émancipation aussi soudaine que pataphysique. Nous suivions un camion lorsque, tout à coup, une poule, puis deux, puis trois, puis encore quelques-unes de leurs congénères, sont sorties de la bâche qui recouvrait l'engin pour prendre à tire-d'aile, si j'ose dire, la poudre d'escampette. Un rivet quelconque avait dû céder, soit sous l'usure du temps, soit sous la poussée révolutionnaire des poulettes. Doit-on ajouter que nous traversions la Bresse ? Ces volailles ne voulaient sûrement pas voir leur identité résumée à une étiquette AOC !

MARTINE MIGNOT

L'AIRE DE LA PASSION

Rendez-vous à l'aire de repos de La Tour-du-Pin pour nos premières vacances en amoureux ! J'étais arrivé avec 20 minutes d'avance et j'avais réussi à trouver un emplacement de parking stratégique d'où je pouvais guetter son arrivée. Les minutes sont passées, interminables !
Avec près de 15 minutes de retard, la voilà. Elle sort de sa voiture, un grand sourire aux lèvres, et la pression est retombée d'un seul coup d'un seul ! C'était étrange de me retrouver à ses côtés. Ce n'est qu'à la fin de la journée, lorsque nous avons quitté l'autoroute, que nous avons réalisé que nous étions enfin libres. Juste après le péage, nous nous sommes arrêtés et avons profité d'être dissimulés par un semi-remorque pour nous embrasser langoureusement.
Une semaine plus tard, après avoir vécu un moment exceptionnel, nous avons pris le chemin du retour. Le compte à rebours était lancé pour rejoindre notre point de départ, l'aire à hauteur du péage. C'était là que nous nous séparions. La tension était tellement intense que nous avons fondu en larmes en nous enlaçant. C'était un véritable déchirement. Le reste de la route a été difficile, un grand sentiment de vide planait. Ces deux points de repos autoroutiers ont marqué à jamais notre relation !

E.T.

MON DIEU !

J'ai beaucoup ri lorsqu'un de mes collègues, agent autoroutier comme moi, m'a raconté cette histoire ahurissante. Il faut savoir que dans les années 1970, les gens n'avaient pas encore la pleine perception des dangers que peut recéler l'autoroute pour les imprudents. Ainsi, lors d'un week-end de grands départs, les agents ont eu la surprise de voir trois bonnes sœurs qui avaient tranquillement garé leur voiture et planté leur tente pour la nuit au milieu du terre-plein central. À l'époque, il n'y avait que deux voies de circulation dans chaque sens et la séparation entre les deux était constituée d'une vaste surface gazonnée. Quel terrain accueillant ! Il a évidemment fallu faire changer les religieuses d'« aire de repos », mais je ne suis pas sûre qu'elles aient vraiment compris le risque qu'elles prenaient en stationnant à cet endroit. En cas de problème, elles comptaient sans doute sur l'intervention de la Providence...

CHRISTINE PLAYA

DES LOIRS DANS LE MOTEUR

Nous avons transporté puis « semé » toute une famille de loirs entre la France et l'Italie. C'était en 1980 ; nous revenions d'un joli voyage en Italie avec notre petite caravane toute neuve. Au retour, la voiture donne des signes de faiblesse après la « grimpette » précédant le tunnel du Mont-Blanc. Nous nous sommes arrêtés au premier parking pour soulever le capot et rafraîchir le moteur surchauffé. En me penchant, j'aperçois alors sous l'aile un brin de paille que je tire, puis deux, puis toute une poignée d'où s'échappent en couinant deux boules de poils grises, bien reconnaissables à leur masque noir et à leur queue touffue : des loirs !

NICOLE P.

UNE AIRE DE SAUVETAGE

Sous une poubelle, se terre une petite boule de poils noirs. Qu'est-ce que cela peut bien être ? Je me penche et je découvre un petit chiot grelottant, maigre, apeuré, à peine sevré.
Je rejoignais mon lycée après les vacances scolaires. J'habite à Chambéry, mais j'avais choisi de me spécialiser en animalerie, dans un établissement de Clermont-Ferrand, soit un aller et retour de 700 kilomètres d'autoroute à chaque période de vacances durant quatre ans.
Un dimanche matin d'hiver, mes parents me conduisent à Clermont-Ferrand ; nous nous arrêtons toujours sur les mêmes aires d'autoroutes, dont celle de Chaninat, près de Saint-Étienne. Mon papa se gare sur le parking, je sors de la voiture et c'est à ce moment que je repère cette boule noire. Sans réfléchir, je me précipite vers elle et j'enlève ma veste afin de la réchauffer. Il devait avoir tellement froid, la température dépassait à peine 2 degrés en ce matin d'hiver.
Mes parents sont tombés tout de suite sous le charme de cet adorable chiot affamé, qui s'est jeté sur le gâteau que nous lui avons donné (nous n'avions rien d'autre).
Nous avons continué la route en l'emmenant : il est resté sur mes genoux, me regardant avec des yeux angéliques.

Ensuite, mes parents m'ont déposée au lycée et le chien ne s'est pas manifesté de tout le trajet. Cette belle touffe de poils a bien grandi et se nomme Toumy. Je crois que le jour où je l'ai trouvée sous cette poubelle d'aire d'autoroute est l'un des plus beaux de ma vie.

DELPHINE EMIN

EFFET BOULE DE NEIGE

Partie pour un trajet de 45 kilomètres qui dure en général une demi-heure, j'ai mis 2 h 30 en conduisant 85 kilomètres. C'est la deuxième fois que je prends l'autoroute toute seule. J'ai 18 ans, mon permis depuis trois mois, et j'ai déjà bien roulé grâce à la conduite accompagnée. C'est un peu la liberté à mon âge d'avoir le permis en poche plus la voiture. Bon, c'est une Twingo et c'est un peu effrayant de prendre l'autoroute avec car elle vibre de tous les côtés. Il vaut mieux se cramponner au volant en doublant un camion.

Je plante le décor : nous sommes en décembre, ça neigeote un peu dehors.

Chapitre I – J'ouvre ma fenêtre et fais des efforts désespérés pour attraper mon ticket de péage. La barrière se lève, je passe la première et me voilà partie pour Dijon. Il fait sombre et il y a un peu de brouillard. Tout va très vite : au lieu d'aller sur la gauche, je reste sur ma droite et pars dans la mauvaise direction. Paris me voilà ! Un peu paniquée, je m'arrête sur la première aire d'autoroute que je trouve, celle de Savigny-lès-Beaune, et j'appelle : « Allô papa, j'ai fait une bêtise ! » Il me dit simplement de prendre la prochaine sortie et de rentrer sur l'autoroute. Je redémarre, il neige, il neige…

Chapitre II – J'essuie une véritable tempête de neige. Je ne sais

pas où je vais, je suis perdue et j'ai peur. La neige tient et la route commence à glisser. Encore une fois « merci papa » : il avait monté des pneus neige quelques semaines auparavant. J'essaye de rester calme et concentrée sur ma conduite. Une aire de services à l'horizon ! J'ai toujours peur de tomber en panne mais cette fois-ci, j'ai une bonne raison de m'y arrêter car je vais peut-être me retrouver à Paris. Du sans plomb 98, c'est bon ça, au moins je ne me suis pas trompée. À l'intérieur, quelques larmes coulant sur mes joues, j'explique au caissier que je suis perdue. Il n'est pas très rassurant mais il me donne quelques explications. Je remonte dans ma voiture et j'appelle mon père qui suit mon expédition sur Internet. Il m'indique les trajets possibles pour me sortir de cette galère. Avant de repartir, je consulte les quelques SMS que j'ai reçus, dont celui d'une amie qui m'écrit : « Oh ! toute cette neige, ça me fait penser à toi. » Évidemment, nous avons l'habitude de partir skier ensemble. Cette neige que j'adore s'était transformée aujourd'hui en un véritable piège. Une autre amie m'a envoyé une photo de l'énorme chocolat viennois qu'elle allait déguster.
Chapitre III – Ce trajet devient long, tellement long, mais j'arrive enfin au péage de Pouilly-en-Auxois. Direction Dijon ! Au bout de quelques kilomètres, une peur m'envahit, je n'ai pas pris de

ticket au péage. Comment expliquer toute mon histoire à la prochaine barrière ? Tant pis, je me débrouillerai bien. Je reste concentrée sur ma conduite en me rappelant qu'il faut rouler de façon souple, ne pas donner de coup de volant, ne pas freiner brusquement... Ça se passe plutôt pas mal. Et pourtant, j'ai horriblement peur. Dijon se rapproche, j'ai hâte. Je comprends enfin que je suis sur une autoroute non concédée qui prolonge l'A6. Ce n'est donc pas payant ! Ouf ! J'entrevois la ville, des milliers de lumières, une route dégagée, je suis arrivée à bon port. Je n'ai jamais été aussi contente de voir Dijon !

CAMILLE GINDREY

MORDU ET ABANDONNÉ

Je roule à une allure d'escargot, me confondant en excuses auprès du pauvre estropié qui souffre en silence à l'arrière. Tout a commencé un matin d'été, un lendemain de fête où nous sommes tous restés dormir chez une amie. Nous prenions notre petit-déjeuner quand éclate une bagarre entre mon chien et celui de notre hôtesse. Prises de panique, deux de mes amies grimpent sur leur chaise et se mettent à hurler. Trois autres copains restent dans un état de léthargie intense. Je suis seule à tenter une action : je plonge sur la boule de chiens enragés mais je tombe à plat ventre sur le bitume. Alerté par mes cris, intervient le petit copain de l'amie qui nous héberge : il se rue au milieu des deux chiens et parvient à les séparer. Le calme revient, tout le monde reprend ses esprits, mais nous nous apercevons que notre sauveteur a la paume de la main entaillée par une morsure. La plaie est profonde et large. Prise de culpabilité – ce garçon a été le seul à agir et il se retrouve blessé, peut-être par mon chien –, je lui annonce que je vais immédiatement le conduire aux urgences de l'hôpital le plus proche de son domicile afin qu'il puisse ensuite rentrer facilement chez lui. Le trajet menant aux urgences de sa ville étant plutôt long, je décide de prendre l'autoroute pour gagner du temps. Nous partons avec mon amie et, à l'arrière, le grand blessé, du papier toilette enroulé autour de la main en guise de garrot... À l'entrée de l'autoroute, je m'engage sur la voie d'accélération quand ma boîte de vitesses commence à lâcher : impossible de passer la plupart des vitesses. Je me retrouve à rouler en seconde sur la bande d'arrêt d'urgence, sans pouvoir dépasser les 30 km/h. Nous arrivons à l'hôpital après un trajet de plus d'une heure alors que nous aurions dû y arriver en une vingtaine de minutes... L'éclopé court alors en direction des urgences et nous l'assurons que nous allons le rejoindre sitôt la voiture garée. À ce moment, mon amie m'avoue que ce garçon ne lui plaît pas vraiment, qu'elle n'a pas envie de s'embarrasser d'explications, que le parking de l'hôpital est très cher et que, de toutes façons, il lui faut rentrer au plus vite car tous les autres invités sont restés seuls chez elle. Bref, elle finit par me convaincre d'abandonner à son triste sort celui qui s'était blessé au combat ! Nous prenons la route du retour et mon amie en profite pour envoyer un SMS à son petit copain blessé, lui annonçant qu'elle le quitte...

MARGAUX REYNOLDS

LE GRAND AIR DE L'AUTOROUTE

Je suis en train de trépasser sur un air de *Rigoletto*. Le temps s'écoule et, entre les paroles « *Di quell'amor ch'è palpito* » de l'opéra de Verdi, je devine au loin les sirènes d'une ambulance qui résonnent sur le bitume de l'autoroute et le bruit du camion de remorquage. Pourquoi m'étais-je embarqué dans cette galère alors que je déteste prendre la route et surtout l'autoroute ? Incurable. Le mal des transports qu'ils disaient, les médecins. Soignable uniquement par des billets de train et par une vie sociale assistée par chauffeurs. Alors les camions, les gamins qui hurlent dans les stations-service et surtout ces haut-le-cœur, très peu pour moi. J'avais réussi à obtenir des places pour assister à une représentation de la *Traviata* à l'Opéra Garnier, à Paris, et économisé sou par sou, cachet après cachet, piqûre après piqûre (je suis infirmier) pour pouvoir me l'offrir. Certains ne rêvent que de plage et de sylphide... Moi, je suis plutôt du genre acoustique et belles divas. C'est Minette qui m'avait poussé à y aller. Ça va te faire du bien de sortir de ton Lubéron, qu'elle m'a dit. Je savais bien que cela allait mal finir cette affaire... J'avais tout préparé : la réservation de l'hôtel, du restau, les anti-vomitifs, les sacs plastiques et surtout les billets de train. Surtout les billets de train. J'avais même prévu les cas de force majeure. Sauf les grèves... Qui forcément se sont

déclenchées cette semaine-là ! Je n'ai pas pu résister à la gentillesse de Minette qui m'a proposé de me conduire à Paris, de m'y déposer et d'aller voir sa famille pour me laisser seul toucher mon rêve du doigt (ou plutôt de mon oreille). Arrivés vers Angers, mon visage marbré de blanc après moult heures, minutes et secondes interminables, rythmées par mes multiples haut-le-coeur... survient la panne. La grosse. De celles qui vous obligent à stopper sur la bande d'arrêt d'urgence.
Tranquille et sereine, Minette sort de la voiture et appelle d'une borne d'arrêt d'urgence. Je l'attends dans la voiture ; la panique me prend... mon esprit file et roule à toute allure vers l'angoisse. Les camions roulent et se déroulent sur la route puis s'enroulent autour de notre petite voiture...
Je ne me sens pas bien et je comprends ce qui est en train de m'arriver. Bon Dieu ! Les jambes tremblantes, la nausée, les sueurs froides dégoulinantes, le cœur qui danse la samba... Oh ! Seigneur, je vais mourir, je suis en train de me taper une crise de panique aiguë. Lorsque Minette revient, elle me voit affalé sur le siège passager (à la place du mort comme par hasard).
Pour essayer de me détendre, elle tape dans ma collection de CD. Allez tiens, Steph, qu'elle me dit, je vais te mettre celui-ci, tu

réalises mon sacrifice, hein ! Je déteste cette musique... Un air de *Rigoletto*... Je suis arrivé aux portes de l'enfer et du paradis. Vite ! La nausée ! Faut que je vomisse, presto ! On me pousse de la voiture. Une chevelure blonde m'extirpe de mon siège. On m'allonge et je me mets à vomir devant une paire de Converse blanches. Je lève les yeux et je me sens mieux.

– Ça va mieux, Monsieur ?

– Hugrgr. Mffurg.

– Oui, ça va mieux, répond la voix de Minette. J'avais peur qu'il vomisse dans ma voiture. Ouf ! soulagée.

J'entends un rire, d'abord celui de Minette, aigu et strident, puis un autre plus cristallin, *colorato*, doux et tendre. C'est ma paire de Converse blanches ! Une jolie blonde... Un ange...

– Bon, je vais remorquer votre voiture. L'ambulance ne va pas tarder. Oh ! mais c'est Verdi ? J'adore la *Traviata* !

– Eh bé, répond Minette, c'est à cause de lui et de son foutu concert qu'on est bloqués ici, hein Steph ?

Il n'y a plus de panne, plus d'autoroute froide et nuitée, plus de musique... Il n'y a qu'elle et elle seule. J'ai enfin trouvé la femme de ma vie, ma perle. On se regarde. J'élabore quinze mille et un scénarios pour tenter de la séduire. Mais bon, là, affalé sur le bas-côté, le visage blanc et livide, je ne me sens pas vraiment au top de ma forme. Vais-je lui proposer une bière ? Non, mieux : je vais lui demander de me laisser ses chaussures, il faut bien que je nettoie ma bévue...

Les années ont passé. Dès que j'entends le mot « autoroute », je ne peux penser à une autre histoire que celle-ci. La honte totale. Nonobstant le fait que j'aie raté l'opéra de ma vie, j'ai vécu mon plus grand moment d'angoisse existentielle. À quelque chose malheur est bon. J'ai enfin entrepris une thérapie ! Si, si ! J'ai même déménagé et je conduis régulièrement une petite 206. J'emprunte d'ailleurs souvent l'autoroute. Pas pour mon boulot, mais pour celui de ma belle, Blanche, qui a toujours « notre » paire de Converse (lavée). Elle a promis de la garder pour notre belle petite fille... qui s'appelle ? Je vous laisse deviner... Aïda, comme l'opéra de Verdi.

S.H.

UN P'TIT TOUR DE PÉRIPH

Le vieil homme croyait rouler vers Maubeuge alors qu'il revenait vers son point de départ, Marseille, après avoir accompli un tour complet du périphérique. Tout avait commencé par des étincelles que lançait un drôle de véhicule, au contact des bosses du macadam. C'était en avril 1991, un soir de printemps. Ma femme et moi-même roulions tranquillement en direction du sud quand, aux environs de Mâcon, nous avons repéré cette voiture étrange, au toit bourré à bloc d'un chargement aussi volumineux qu'hétérogène, évoquant le voyage d'une vie ou du moins celui d'une nouvelle vie... Comme son conducteur avait décidé de rejoindre la même aire de repos que nous, nous l'avons abordé pour l'informer des petites étincelles à son passage et avons noué conversation. De fil en aiguille, notre étonnement croissant, nous nous sommes rendu compte qu'il filait dans la mauvaise direction. L'homme avait quitté l'Algérie pour rejoindre son fils du côté de Maubeuge et s'installer avec lui. Après avoir débarqué à Marseille, il avait roulé vers sa destination nordique. À son arrivée à Paris, il a opéré un tour complet du périphérique pour se retrouver à nouveau sur l'autoroute A6, cette fois en sens inverse. Il ne savait pas lire le français. Encore aujourd'hui, je me souviens de son billet de bateau et de son ticket de péage dont la date nous confirmait son périple insensé. Il fallait les voir pour y croire. C'est une patrouille de gendarmerie qui passait à proximité qui l'a remis dans la bonne direction à Mâcon-Nord. Le GPS n'était encore qu'un accessoire de science-fiction...

CHRISTOPHE PERNET

FOLLE ÉQUIPÉE

Plus que trente kilomètres avant la barrière de péage de Clermont-Ferrand ! La voiture folle fonçait depuis une heure à près de 200 km/h et chacun redoutait un tragique dénouement. C'était le 4 octobre 2004, j'étais à l'antenne lorsque la nouvelle est tombée : un automobiliste avait perdu le contrôle de sa voiture sur l'autoroute A 71. Son régulateur de vitesse se serait emballé lorsqu'il avait accéléré pour doubler un camion. Il avait appelé les gendarmes de son portable, leur expliquant qu'il n'arrivait plus à maîtriser sa voiture. À 21 h 08, j'ai diffusé le premier message d'alerte, prévenant qu'un conducteur roulait à 190 km à l'heure entre Bourges et Clermont-Ferrand et ne pouvait s'arrêter en raison d'un problème technique. Toutes les dix minutes, je revenais à l'antenne pour un flash spécial qui faisait le point sur la situation. La voiture incontrôlable avançait à toute allure, escortée par une noria de gendarmes. Plus le convoi se rapprochait de la barrière de Combronde, plus la tension montait. À un moment, j'ai annoncé que l'automobiliste avait été aperçu à 30 km du péage de Clermont. Je devais faire comprendre aux auditeurs que les services d'ordre étaient mobilisés mais qu'il fallait rester prudent dans le secteur et serrer à droite. Entre-temps, le péage était passé en état de siège : le personnel des cabines de péage avait été évacué, les barrières levées, les flèches utilisées pour diriger les convois spéciaux allumées et bien sûr les automobilistes bloqués de chaque côté. Les gendarmes, les pompiers, le Samu, les services de l'autoroute se tenaient prêts à toute éventualité. Malgré ce dispositif exceptionnel, on se demandait s'il était possible que la voiture franchisse la barrière à une telle vitesse sans dégâts. Heureusement, le conducteur a réussi *in extremis* à couper son moteur alors qu'il n'était plus qu'à une vingtaine de kilomètres. Pour nous, une fois tout rentré en ordre au péage, l'affaire était terminée. Ce n'est que le lendemain que je me suis aperçu du retentissement de cette folle équipée. Le journal de midi de France 2 a ouvert en reprenant le début d'un de mes bulletins d'information et, durant plusieurs jours, l'histoire du régulateur de vitesse a fait la une de l'actualité.

ROALD BILLEBAULT

POSTFACE

Les derniers échangeurs s'éloignent dans le rétroviseur. Déjà, le maillage périurbain se distend et, à une qualité particulière de la lumière, à une fragrance nouvelle diffusée par les aérateurs disséminés dans l'habitacle, vous devinez la campagne. Vous apercevez les premiers champs, d'abord de blé ou de colza, bientôt de coquelicots, de tournesols, puis les vergers. Le ruban de l'autoroute serpente et attrape avec le couchant des teintes inusitées.Vous roulez tranquillement et laissez même nonchalamment votre coude à la fenêtre, dans la douceur du soir. Vous partez.

APRR a cinquante ans. Le réseau n'a plus grand-chose en commun avec ce qu'il était en 1961. L'usage de l'autoroute, ses modes de construction et l'imaginaire qui y est associé ont eux aussi évolué. Indispensable infrastructure dans l'acheminement d'un pays vers la modernité, l'autoroute a accompagné toute l'histoire de la seconde révolution industrielle et irrigué, au sens propre comme au sens figuré, les années de croissance fastueuses des Trente Glorieuses.

L'autoroute a également fait l'objet de critiques. Elle n'échappe pas à l'évolution des mœurs et des idées. Nous en sommes bien conscients, et c'est pourquoi nous tâchons de l'adapter toujours plus et mieux au monde actuel. Fêter nos cinquante ans aurait d'ailleurs pu être cela : un grand plaidoyer *pro domo* pour dire que oui, nous sommes nous aussi tout remplis des préoccupations et des interrogations de nos contemporains.

Mais nous avons voulu faire un peu autrement.

Prendre des voies de traverse pour évoquer les voies express. Ainsi avons-nous lancé en janvier dernier sur les ondes de notre radio FM 107.7 – un média complice et fort utile sur la route – un appel à témoignages auprès des automobilistes. Nous les y invitions à raconter les histoires, anecdotes, aventures, car nous sentions que ces récits diraient mieux que nous la réalité des autoroutes aujourd'hui.

Nous n'avons pas été déçus : les histoires ont abondé, diverses, inattendues, émouvantes, percutantes… L'autoroute y apparaît dans sa complexité. On y roule diversement, heureux d'être en vacances ou pressé de rejoindre un ami, et l'on n'y trouve pas plus de stakhanovistes aveugles du kilomètre qu'ailleurs. On s'y arrête sur des aires de plus en plus soignées, on y médite sur le changement des paysages, butinant un peu de cette poésie de la modernité, où le gris sombre du bitume peut faire, avec le vert d'une prairie, un collage d'une grande beauté.

Exagère-t-on ? Vous aurez pu en juger à la hauteur de ce recueil. Au fond, les lieux sont ce que l'on en fait, pas à pas, en soignant toujours plus nos savoir-faire, nos techniques, nos normes, de sécurité et d'esthétique. Le reste est affaire d'usage collectif, de prudence et de courtoisie. De tout cela nous sommes responsables, pour et avec vous.

PHILIPPE NOURRY, PDG D'APRR

Merci à tous les témoins pour leur disponibilité, leurs récits divers et variés qui contribuent chacun à la richesse de ce livre.

Nous remercions également la radio FM 107.7 Autoroute Info et tous ses collaborateurs dont l'aide a été précieuse pour le recueil des témoignages.

Notre gratitude va à toutes les personnes qui ont livré leurs souvenirs à nos auteurs. Elle s'adresse aussi à tous les salariés et les retraités du groupe APRR, ainsi qu'à l'Asfa*, qui ont rendu possible la réalisation de ce livre.

L'ÉDITEUR

*Assocation professionnelle autoroutes et ouvrages routiers

Achevé d'imprimer en août 2011
sur les presses de Arti Grafiche Amilcare Pizzi,
Milan.
Imprimé en Italie